Autohipnosis

D1496306

books4pocket

William W. Hewitt

Autohipnosis

para una vida mejor

URANO
Argentina - Chile - Colombia - España
Estados Unidos - México - Perú - Uruguay

Índice

1

Introducción

Tenemos la capacidad de solucionar la mayoría, si no todos, los problemas en la vida si conocemos la forma de hacerlo. La autohipnosis es una herramienta que nos puede ayudar a resolver nuestros problemas y a crearnos una vida mejor.

Este libro suministra textos reales de autohipnosis palabra-por-palabra para veintitrés situaciones principales de solución de problemas. La mayoría de ellos muy probablemente se aplicarán a usted en alguna etapa de su vida.

Todo lo que necesita hacer es una grabación de un casete para cualquiera de las situaciones que se cree que pudieran ayudar. Haga cuantas grabaciones desee. Una vez las haya hecho, guárdelas de por vida para utilizarlas y reutilizarlas las veces que quiera. Después, siéntese en una posición cómoda, coloque la cinta, cierre los ojos y permita que la grabación de su propia voz lo hipnotice.

Simple, ¿no es cierto?

Para esto no se necesita un equipo de sonido de alta fidelidad con un rango de bandas de amplia frecuencia.

Simplemente grabe los textos con su voz normal; cualquier grabadora, por barata que sea, servirá para este propósito. Lo mismo se puede decir de las cintas. Compre aquellos de precios módicos. Los costosos no harán nada adicional por usted. Cada uno de los veintitrés textos de este libro requerirá un tiempo menor de treinta minutos de grabación y bastará con un lado de una cinta de sesenta minutos de duración.

Varios temas tienen dos textos (sueños, fobia). Puede colocar un texto en un lado de una cinta y el segundo por el otro lado, teniendo de esta forma un solo casete para el tema completo.

En qué consiste la autohipnosis

La hipnosis es un método de sondear la mente consciente para lograr su relajamiento, o un estado similar, al momento antes de dormir.

En la hipnosis, la mente consciente se vuelve menos activa, pero la persona permanece despierta. En ese momento, su mente subconsciente es receptiva a las sugerencias. Su mente subconsciente es la que responde a las sugerencias y hace que esas sugerencias se manifiesten en su vida.

La mente subconsciente es como una mascota obediente —responde fielmente a las ordenes—. La mente en este estado no piensa, no razona, ni racionaliza; sólo sigue instrucciones. Contrariamente, su mente consciente sí piensa, razona y racionaliza —y a menudo argumenta en contra de sus deseos—. Es por esto que la mente consciente necesita ser relajada y silenciada de forma que no argumente en contra de lo que se le está instruyendo que haga a la mente subconsciente.

Este proceso es llamado *hipnosis*. Autohipnosis significa que usted se hipnotiza a sí mismo. Cuando alguien más lo hipnotiza, se llama hipnosis. No existe diferencia en el proceso o los resultados entre la autohipnosis y la hipnosis.

A través de la autohipnosis, como se describe en este libro, usted puede mejorar su vida en cualquiera de las formas que elija, instruyendo directamente a su mente subconsciente sobre lo que se desea alcanzar. Es así de simple.

La repetición y el refuerzo de las sugerencias son necesarias, debido a que la sugestión causada por la hipnosis desaparece en un par de semanas y su mente subconsciente necesita de instrucciones repetitivas para lograr el efecto anhelado. Esto es debido a que la mayoría de las personas cambian de parecer con frecuencia, indicándole al subconsciente que no tiene importancia.

Sin embargo, una vez recuerde consistentemente las sugerencias y convenza a su mente subconsciente de lo que desea, sus deseos se harán realidad. La autohipnosis es muy poderosa, así que tenga muy claro todo aquello que programe en su mente subconsciente, ya que lo conseguirá.

Las instrucciones en este libro lo pueden capacitar para lograr maravillas en su vida.

El proceso de grabación

Al comienzo de cada capítulo, primero daré una breve descripción de lo que trata la grabación en particular. Luego, tendré un encabezamiento titulado «Texto de la grabación». Grabe todo después de este título. Si encuentra palabras emfasizadas, por ejemplo: *Haga una pausa de 30 segundos*, no grabe esas palabras. Estas son instrucciones de grabación para usted que indican que debe dejar de hablar pero mantener la cinta en movimiento. Cuando lea los textos, verá por qué estas instrucciones especiales son necesarias. Para crear y utilizar una grabación de autohipnosis efectivamente, siga estas simples instrucciones:

- Hable con su voz normal.

- Hable a un ritmo que le sea agradable escuchar. Si lo hace muy rápido, tendrá dificultades para ir al paso de la grabación cuando la escuche. Si lo hace muy despacio, podría perder su concentración.

- No se preocupe si comete errores pequeños al hablar; sólo continúe con la grabación. Los errores menores no lo molestarán cuando esté escuchando la grabación.

- Utilice las cintas de que disponga, bien sea de sesenta o de noventa minutos; cualquiera de las dos funcionan bien.

- Trate de seleccionar un tiempo y un lugar para realizar la grabación donde no sea probable que sea interrumpido y donde no hayan ruidos de fondo fastidiosos. Entre más silencioso, mejor.

- Descuelgue el teléfono mientras lleva a cabo la grabación. Una de las leyes de Murphy es que «el teléfono siempre sonará cuando esté grabando una cinta de autohipnosis».

- Grabe el texto en toda su extensión.

Escuchando su grabación

- Escoja la hora y también el lugar en donde no sea interrumpido.

- Desconecte el teléfono.

- Siéntese en una silla cómoda o acuéstese si quiere. Personalmente prefiero una silla sin brazos de espaldar recto.

En algunos casos debe acostarse en la cama (sueños, insomnio, etc.).

- Encienda su grabadora, escuche y siga las instrucciones de la grabación.

Ahora está listo para preparar las grabaciones para hipnotizarse a sí mismo y así resolver los problemas y mejorar su vida.

2

Yo amo...

Todos los días usted está expuesto a una barrera de palabras y acciones negativas. Como resultado, es fácil caer en el hábito del pensamiento negativo.

Este negativismo asoma en las conversaciones cotidianas. Por ejemplo, si le pregunta a alguien «cómo ha estado», la respuesta que casi siempre obtiene no es: «bueno, ¡no me siento tan mal!» ¿Por qué la gente tiene que comparar su bienestar con «mal» en lugar de hacerlo con «bien»? ¿No sería más agradable escuchar «¡me siento bien!» como respuesta?

La gente dice a menudo: «no me gusta esto o no me gusta aquello», ya sea una comida, un lugar o una persona. Siempre es «no me gusta» en vez de lo que les gusta.

Preste atención a lo que escucha y verá que mi observación es acertada.

La televisión es otra fuente de negativismo. Por ejemplo, hay un comercial que dice más o menos lo siguiente: «La temporada de gripe llegó, así que prepárese para adquirir nuestro producto...» Ellos quieren que usted se enferme para que puedan ganar más dinero. La verdad es que no existe tal temporada de gripe y es posible que no lo afecte el virus.

Los periódicos también le dan una fuerte dosis de negativismo. Casi todo en el papel le cuenta lo malo que está sucediendo en alguna parte o con alguien o alguna situación. Tiene que esforzarse y buscar por largo rato para encontrar una historia optimista en el periódico.

Esta grabación está diseñada para ayudarle a traer una fuerte dosis de la energía positiva más poderosa que existe dentro de su vida: «amor». El amor erradicará los efectos de todas las influencias negativas. El amor atraerá el amor y la buena fortuna hacia usted. El amor enriquece la vida de todo lo que toca.

Esta grabación y todas las otras grabaciones sobre el amor de esta serie le ayudarán a establecer un aura positiva tan poderosa que todo el negativismo del mundo no podrá penetrarla.

Puede escuchar esta grabación tan a menudo como lo desee y le recomiendo que la utilice con frecuencia.

Texto de la grabación para el amor

Cierre los ojos, respire y exhale por completo hasta la base de sus pulmones. Repita este paso de nuevo. Relájese. Respire profundo una vez más y esta vez contenga su respiración cuando haya llenado sus pulmones con aire limpio, refrescante y relajante. Mantenga sus ojos cerrados. Ahora deje que su respiración salga lentamente y relájese por completo.

Ahora quiero que imagine que todas sus tensiones, todos sus apuros y todos sus miedos y preocupaciones se acumulan en la parte superior de su cabeza. Deje que todo aquello que lo molesta se resbale sobre su cara, hacia su cuello, sus hombros, a través de su pecho, su cintura, sus caderas, sus muslos, abajo hacia sus rodillas, sus pantorrillas, sus tobillos y hacia afuera de los dedos de sus pies. Toda su tensión, todos sus apuros, todas sus preocupaciones y miedos están saliendo desde las puntas de los dedos de sus pies y se está relajando más cada vez.

Ahora enfoque su atención en los dedos de sus pies y deje que se relajen completamente. Cada dedo está suelto y pesado. Deje que esta relajación fluya dentro de sus pies, dentro de sus tobillos, de sus pantorrillas, de sus rodillas. Siéntala fluir dentro de sus muslos, en sus caderas, dentro de su cintura, fluyendo hacia arriba en su pecho. Sienta su respiración más ligera y más profunda, más regular y más relajada. Ahora deje que una sensación profunda y relajada entre en sus hombros, baje hacia sus brazos, dentro de sus antebrazos, sus manos y sus dedos y fluya de regreso hacia sus antebrazos, sus brazos y sus hombros. Ahora fluye en su cuello, sobre su cara, su mentón y sus mejillas; incluso sus orejas están relajadas. Siéntala fluir en sus ojos y sus párpados. Sus párpados están muy pesados y suaves. El flujo continúa arriba hacia sus cejas, sobre su frente, sobre la parte superior de su cabeza, bajando hacia la parte posterior de su cabeza y de su cuello.

Ahora, una nueva pesadez está comenzando en los dedos de sus pies, dos veces más pesada que la primera vez. Imagínese un gran peso en cada dedo. Sienta la pesadez profunda y aún más relajada. Esta sensación profunda y pesada sube desde sus pies hacia sus tobillos, sus pantorrillas, sus rodillas, sus muslos, su cadera y su cintura. Fluye ahora en su pecho, relajando su corazón, relajando sus pulmones, permitiendo que su respiración sea más intensa, más regular y cada vez más relajada. Ahora la sensación profunda y pesada está fluyendo en sus hombros, bajando por sus brazos, sus antebrazos, en sus manos y sus dedos. Ahora está fluyendo de regreso a sus antebrazos, sus brazos, sus hombros y hacia su cuello. Ahora fluye sobre su cara, en sus ojos, sobre sus cejas, sobre su frente, sobre la cima de su cabeza, bajando por la parte posterior hasta el cuello.

Y ahora está empezando una nueva pesadez en la parte superior de su cabeza, dos veces más pesada que antes, dos veces más pesada. Imagínese un gran peso en toda la parte superior de la cabeza, suave, relajado y pesado. Sienta la relajación pesada fluyendo hacia abajo en su cara y sus ojos ahora, hacia abajo en su cuello, sus hombros, fluyendo hacia su pecho, su cintura, sus caderas, sus muslos, sus rodillas, en sus pantorrillas, sus tobillos, sus pies y sus dedos. Profundamente relajado, suelto, flexible y cómodo desde la parte superior de la cabeza hasta la punta de sus dedos.

Quiero que ahora se imagine que está mirando a un tablero negro. Imagínese un círculo en el tablero. Vamos a colocar dentro del círculo las letras del alfabeto en orden invertido. Después de que las coloque en el círculo, las borrará del círculo y se relajará cada vez más profundamente.

Imagínese el tablero ahora. Imagínese el círculo. Ponga la letra Z dentro del círculo. Ahora borre la Z de dentro del círculo y profundícese más. Ponga la Y en el círculo, bórrela y profundícese más. La X, bórrela y profundícese aún más. La W y bórrela. La V y bórrela. La U y bórrela. La T y bórrela. La S y bórrela. La R y bórrela. La Q y bórrela. La P y bórrela. La O y bórrela. La N y bórrela. La M y bórrela. La L y bórrela. La K y bórrela. La J y bórrela. La I y bórrela. La H y bórrela. La G y bórrela. La F y bórrela. La E y bórrela. La D y bórrela. La C y bórrela. La B y bórrela. La A y bórrela. Ahora borre el círculo y olvídese del tablero. Continúe relajándose más y más profundamente. Sienta hundirse en la silla; la mente y el cuerpo se dirigen más y más hacia la relajación profunda con cada respiración.

A medida que inhala, imagínese que está respirando anestesia inodora, limpia y pura. Ahora la anestesia está fluyendo a través de todo su cuerpo. Es una sensación agradable y cálida; mientras más inhala, más se profundiza en su respiración, logrando un estado tranquilo, relajante y pacífico. De ahora en adelante y hasta el fin de esta sesión, se relajará más y más completamente cada vez que respire.

Ahora quiero que se imagine que está mirando el cielo azul y claro del verano. En el cielo hay un avión que está escribiendo su nombre en letras blancas y sedosas como las nubes. Ahora deje que su nombre se disuelva. Deje que el viento haga desaparecer su nombre en el cielo azul. Olvídese de su nombre. Olvídese inclusive de que tiene un nombre. Los nombres no son importantes. Sólo continúe escuchando mi voz y relájese más profundamente.

Quiero que imagine ahora que está parado en el escalón más alto de una escalera de madera. Sienta la alfombra bajo sus pies. La alfombra puede ser del color que desee… imagínesela. Ahora, extienda su mano y toque el pasamanos. Sienta la madera suave y pulida del pasamanos bajo su mano. Usted está parado a diez escalones del piso de abajo. En un momento bajaremos las escaleras. Con cada escalón descendido podrá relajarse aún más profundamente. Cuando alcance el piso inferior, estará más profundo de lo que ha estado antes. Ahora baje hacia el noveno escalón, suave y fácilmente. Siéntase cada vez más profundo. Ahora baje hacia el octavo, aún más profundo. Ahora baje al séptimo… sexto… quinto… cuarto… tercero… segundo… primer escalón.

Ahora está parado en el piso de abajo. Hay una puerta enfrente de usted; acérquese y ábrala. Desde su interior sale a chorros un torrente de luz. Ahora está dentro de esta habitación, mire a su alrededor. Esta es su habitación y ésta puede ser lo que usted quiera que sea; de cualquier tamaño, de cualquier forma, de cualquier color. Puede tener lo que quiera en este cuarto. Puede agregar, quitar o acomodar cosas. Puede tener cualquier tipo de muebles, artículos, pinturas, ventanas, alfombras o cualquier cosa que quiera, ya que este es su lugar… su lugar propio y privado y usted es libre aquí, libre para crear, libre para ser quien es, libre para hacer lo que desee. La luz que brilla en esta habitación es su luz. Sienta toda la luz a su alrededor, brillando sobre las cosas bonitas que se encuentran allí, brillando sobre usted; sienta la energía de la luz. Ahora deje que la luz fluya sobre su cuerpo; penetrando cada poro de su piel, llenándolo completamente, apartando toda duda, expulsando todo miedo y tensión. Usted está lleno de la luz. Está limpio y radiante, resplandeciendo con la luz brillante de su habitación.

Mientras está cubierto por la luz en su habitación, tendrá la oportunidad de expresar su amor a muchas personas y cosas.

Ahora traiga a su madre a la habitación, pidiéndole mentalmente que se haga presente.

Haga una pausa de 5 segundos

Ahora repita mentalmente lo siguiente a su madre a medida que yo lo digo: «Madre, yo no te juzgo. No tengo la sabiduría para juzgar a nadie. Tú me diste la vida, madre, y siempre hiciste todo lo mejor que pudiste. Te amo por eso, madre, y te bendigo y te cedo a tu yo superior».

Ahora dejaré de hablar por treinta segundos mientras expresa su amor a su madre a su manera.

Haga una pausa de 30 segundos

Ahora traiga a su padre dentro de la habitación.

Haga una pausa de 5 segundos

Ahora, repita mentalmente lo siguiente a su padre, a medida que yo digo: «Padre, yo no te juzgo. Yo no tengo la sabiduría para juzgar a nadie. Tú me diste la vida, padre, y siempre hiciste todo lo mejor que pudiste. Te amo por eso, padre, y te bendigo y te cedo a tu yo superior».

Ahora dejaré de hablar por treinta segundos mientras expresa su amor a su padre a su manera.

Ahora tendrá la oportunidad de traer a otras personas de su preferencia dentro de su habitación para expresarles su amor. Puede ser su cónyuge, hermanos, hermanas, amigos e incluso alguien a quien nunca haya conocido. Traiga las personas a su cuarto pronunciando sus nombres mentalmente y saludándolos con palabras tales como «Yo te amo, te bendigo y te cedo a tu yo superior» o utilice otras palabras que usted prefiera. Ahora dejaré de hablar durante 90 segundos mientras lo hace. Puede empezar ahora.

Haga una pausa de 90 segundos

Ahora repita mentalmente lo siguiente a sí mismo a medida que yo lo digo: «Envío mi amor a todas aquellas personas a quienes todavía no se lo he enviado».

Haga una pausa de 5 segundos

Ahora puede expresar su amor hacia muchas otras cosas. Repita las siguientes oraciones a sí mismo a medida que yo las digo.

«Amo la vida. Amo toda la vida y respeto toda la vida».

«Amo todas las criaturas sobre esta tierra, a pesar de que no esté interesado en estar cerca de algunas de ellas».

«Amo todas las criaturas porque son parte de toda creación, así como lo soy yo y ellas se esfuerzan por hacer lo que deben hacer para cumplir su papel en la vida así como lo hago yo».

«Amo a mi país, aunque éste tenga sus fallas».

«Me amo a mí mismo de una forma callada y autoapreciativa y no de forma egoísta y presumida».

«Me amo a mí mismo aunque tenga mis fallas».

«Amo todas las cosas que no entiendo, así como todas las cosas que sí entiendo».

«El amor es la fuerza motriz de mi vida».

Ahora respire profundo y profundícese aún más.

Ahora dejaré de hablar durante un minuto mientras usted medita sobre el amor y expresa su amor hacia cualquier cosa que desee.

Haga una pausa de 60 segundos

Ahora respire profundamente y profundícese más.

Usted ha creado un aura poderosa de amor a su alrededor mediante su expresión positiva del amor. Esta aura atraerá el amor de muchas formas hacia usted. Su vida está enriquecida a partir de este momento y continuará enriqueciéndose en la medida en que exprese amor en sus pensamientos, sus palabras, sus hechos y sus acciones.

El amor es la fuerza motriz de su vida.

Ahora respire profundamente y relájese.

Cada vez que escuche esta grabación lo hará sentir maravillosamente y relajado por completo. Aún más profundo de lo que se encuentra ahora y las sugerencias irán más y más profundo dentro de su mente. Escuchando esta grabación con regularidad, le traerá más y más amor a su vida en todos los niveles.

La próxima vez que escuche mi voz en la grabación, se relajará diez veces más profundamente de lo que se encuentra ahora. Y las sugerencias que le he dado continuarán yendo más y más profundo dentro de su mente.

En unos pocos momentos cuando se despierte, se sentirá muy relajado y estará completamente refrescado, vivo, alerta, lleno de energía, lleno de confianza y lleno de amor. Se sentirá maravilloso. Todo lo que tiene que hacer para despertar es contar conmigo de uno a cinco y a la cuenta de cinco, abrirá sus ojos, se sentirá relajado, refrescado, alerta y muy animado. 1… 2… 3… 4… 5.

3

Coloréame de amor

Todos quieren ser amados y dar amor. Todos tienen derecho a amar. Esta es una grabación de amor romántico que le ayuda a hacer realidad su verdadero amor. Si ya tiene en mente una persona específica, puede afianzar esa relación. Si no tiene a alguien en mente, esta grabación le permitirá acercarse a su gran amor o a su alma gemela.

La grabación genera resultados «sin perjudicar a nadie». No puede conseguir su verdadero amor perjudicando a una tercera persona. Si dicha persona está ligada actualmente a una relación con una tercera persona, podrá atraer su amor, pero sucederá de forma que la tercera persona no se perjudicará. Debe permitir que la mente superior le resuelva las cosas. No trate de forzar la situación a la forma en que piensa que debería ser, o de lo contrario solamente traerá decepción para sí mismo.

Puede escuchar esta grabación con la frecuencia que desee. Yo recomiendo utilizarla por lo menos una vez a la semana y preferiblemente todos los días hasta que el encuentro con su verdadero amor se haga realidad.

Texto de la grabación para el amor romántico

Cierre los ojos, respire y exhale por completo hasta la base de sus pulmones. Repita este paso de nuevo. Relájese. Respire profundo una vez más y esta vez contenga su respiración cuando haya llenado sus pulmones con aire limpio, refrescante y relajante. Mantenga sus ojos cerrados. Ahora deje que su respiración salga lentamente y relájese por completo.

Ahora quiero que imagine que todas sus tensiones, todos sus apuros y todos sus miedos y preocupaciones se acumulan en la parte superior de su cabeza. Deje que todo aquello que lo molesta se resbale sobre su cara, hacia su cuello, sus hombros, a través de su pecho, su cintura, sus caderas, sus muslos, abajo hacia sus rodillas, sus pantorrillas, sus tobillos y hacia afuera de los dedos de sus pies. Toda su tensión, todos sus apuros, todas sus preocupaciones y miedos están saliendo desde las puntas de los dedos de sus pies y se está relajando más cada vez.

Ahora quiero que se imagine que estoy colocando en sus rodillas una bolsa pesada de arena. Sienta la arena presionando sobre sus rodillas. Sus rodillas se están volviendo más pesadas y más relajadas. En la arena hay un ingrediente insensibilizador muy poderoso y que está fluyendo hacia sus rodillas ahora. Sus rodillas se están insensibilizando más y más bajo la arena. Y esta pesada sensación está fluyendo hacia sus pantorrillas, en sus tobillos, en sus pies y sus dedos. Todo abajo de sus rodillas está insensible y se insensibiliza más por la arena. Y ahora la pesada sensación de insensibilidad está subiendo a sus muslos, fluyendo en sus caderas, a través de su cintura y en su pecho. Esta fluye en sus hombros y estos se hacen más pesados e insensibles. Fluye en sus manos y sus dedos. Fluye ahora de regreso a través de sus antebrazos, sus brazos y sus hombros y en su cuello. Sobre su cara, sobre la cima de su cabeza, hacia abajo de la parte posterior de la cabeza y de la parte posterior de su cuello.

Quiero que ahora se imagine que está mirando a un tablero negro. Imagínese un círculo en el tablero. Vamos a colocar dentro del círculo las letras del alfabeto en orden invertido. Después de que las coloque en el círculo, las borrará del círculo y se relajará cada vez más profundamente.

Imagínese el tablero ahora. Imagínese el círculo. Ponga la letra Z dentro del círculo. Ahora borre la Z de dentro del círculo y profundícese más. Ponga la Y en el círculo, bórrela y profundícese más. La X, bórrela y profundícese aún más. La W y bórrela. La V y bórrela. La U y bórrela. La T y bórrela. La S y bórrela. La R y bórrela. La Q y bórrela. La P y bórrela. La O y bórrela. La N y bórrela. La M y bórrela. La L y bórrela. La K y bórrela. La J y bórrela. La I y bórrela. La H y bórrela. La G y bórrela. La F y bórrela. La E y bórrela. La D y bórrela. La C y bórrela. La B y bórrela. La A y bórrela. Ahora borre el círculo y olvídese del tablero. Continúe relajándose más y más profundamente. Sienta hundirse en la silla; la mente y el cuerpo se dirigen más y más hacia la relajación profunda con cada respiración.

A medida que inhala, imagínese que está respirando anestesia inodora, limpia y pura. Ahora la anestesia está fluyendo a través de todo su cuerpo. Es una sensación agradable y cálida; mientras más inhala, más se profundiza en su respiración, logrando un estado tranquilo, relajante y pacífico. De ahora en adelante y hasta el fin de esta sesión, se relajará más y más completamente cada vez que respire.

Quiero que se imagine ahora que hay dos espejos de cuerpo entero parados lado a lado enfrente suyo. Visualice los espejos. Son idénticos.

Haga una pausa de 5 segundos

Por el momento, el espejo a su izquierda está en blanco. Ahora véase a sí mismo en el espejo a su derecha. Véase a sí mismo en este espejo.

Haga una pausa de 5 segundos

Ahora repita la siguiente oración a sí mismo a medida que yo la digo: «Este espejo, imagen de mí mismo, refleja lo que le ofrezco a mi verdadero amor».

Ahora ponga un marco rojo alrededor de este espejo. El rojo simboliza atracción, pasión y la profundidad del amor.

Haga una pausa de 2 segundos

Ahora deje que el color rojo inunde todo el espejo, volviéndolo rojo a él y a su imagen.

Haga una pausa de 5 segundos

Ahora su imagen está llena de pasión, de atracción y de amor profundo por su verdadero amor. Ahora repita la siguiente oración a sí mismo, a medida que yo la digo: «Ofrezco amor profundo y pasión a mi verdadero amor». Deje que el marco y el color rojo desaparezcan.

Ahora ponga un marco azul alrededor de este espejo. El azul simboliza lealtad, tibieza, fidelidad y amistad permanente.

Haga una pausa de 2 segundos

Ahora deje que el color azul inunde todo el espejo, volviéndolo azul a éste y a su imagen.

Haga una pausa de 5 segundos

Su imagen ahora está llena de lealtad, tibieza, fidelidad y amistad permanente para su verdadero amor. Repita la siguiente oración a sí mismo a medida que yo la digo: «Ofrezco lealtad, tibieza, fidelidad y amistad permanente a mi verdadero amor». Deje que el marco y el color azul desaparezcan.

Ahora coloque un marco verde alrededor de este espejo. El verde simboliza vida, crecimiento y renovación.

Haga una pausa de 2 segundos

Ahora permita que el color verde inunde todo el espejo, volviéndolo verde a él y a su imagen.

Haga una pausa de 5 segundos

Su imagen está ahora llena de vida siempre creciente y de dedicación renovada a su verdadero amor. Repita la siguiente oración a sí mismo a medida que yo la digo: «Ofrezco mi vida y dedicación siempre creciente a mi verdadero amor». Deje que el marco y el color verde desaparezcan.

Ahora ponga un marco púrpura alrededor de este espejo. El color púrpura simboliza la unidad espiritual.

Haga una pausa de 2 segundos

Ahora permita que el color púrpura inunde todo el espejo, volviéndolo púrpura a él y a su imagen.

Haga una pausa de 5 segundos

Ahora su imagen está llena de unidad espiritual con su verdadero amor. Repita la siguiente oración a sí mismo a medida que yo la digo: «Ofrezco mi espíritu para que se convierta en uno solo con mi verdadero amor». Deje que el marco y el color púrpura desaparezcan.

Ahora ponga un marco blanco alrededor de este espejo. El blanco simboliza verdad, compatibilidad, honestidad e integridad.

Haga una pausa de 2 segundos

Ahora deje que el color blanco inunde todo el espejo, volviendo blanco brillante a éste y a su imagen.

Haga una pausa de 5 segundos

Ahora su imagen está llena de verdad, compatibilidad, honestidad e integridad hacia su verdadero amor. Repita la siguiente oración a sí mismo a medida que yo la digo: «Ofrezco mi verdad, mi honestidad, mi integridad y total compatibilidad a mi verdadero amor». Deje que el marco y el color blanco desaparezcan.

Ahora ponga un marco dorado alrededor de este espejo. El color dorado simboliza el valor duradero.

Haga una pausa de 2 segundos

Ahora permita que el color dorado inunde todo el espejo, volviéndolo dorado a él y a su imagen.

Haga una pausa de 5 segundos

Ahora su imagen está llena de valor duradero para su verdadero amor. Repita la siguiente oración a sí mismo a medida que yo la digo: «Ofrezco mi valor duradero a mi verdadero amor». Deje que el marco dorado permanezca alrededor de este espejo.

Ahora ha creado su ofrecimiento de amor a su verdadero amor en un nivel mental. Ahora repita mentalmente la siguiente oración a medida que yo la digo: «Ofrezco todo mi amor a la persona que es mi verdadero amor y mi alma gemela». Ahora es solamente cuestión de tiempo para que se manifieste en el mundo físico.

Ahora vuelva su atención al espejo a su izquierda. Este es el espejo para su verdadero amor o alma gemela. Si ya tiene una persona específica en mente como su verdadero amor, cree la imagen de esa persona en el espejo ahora. Vea la imagen.

Si no tiene una persona específica en mente pero quiere atraer a su verdadero amor, cualquiera que éste sea, entonces visualice una frase en el espejo que diga: «Imagen de mi verdadero amor». Si obtiene la imagen de una persona en el espejo, está bien. Manténgala allí, ya que ésta es su verdadero amor. Si no obtiene la imagen de una persona, también está bien, ya que su mente alcanzará y contactará a su verdadero amor por usted.

Ahora repita la siguiente oración a sí mismo a medida que la dice: «Este espejo refleja mi verdadero amor y lo que yo deseo de mi verdadero amor».

Ahora coloque un marco rojo alrededor de este espejo. El rojo simboliza atracción, pasión y la profundidad del amor.

Haga una pausa de 2 segundos

Ahora deje que el color rojo inunde todo el espejo, volviendo rojo a él y a la imagen de su verdadero amor.

Haga una pausa de 5 segundos

La imagen de su verdadero amor ahora está llena de pasión, atracción y de amor profundo para usted. Ahora repita la siguiente oración a sí mismo, a medida que yo la digo: «Deseo amor profundo y pasión de mi verdadero amor». Deje que el marco y el color rojo desaparezcan.

Ahora coloque un marco azul alrededor de este espejo. El azul simboliza lealtad, tibieza, fidelidad y amistad duradera.

Haga una pausa de 2 segundos

Ahora deje que el color azul inunde todo el espejo, volviendo azul a éste y a la imagen de su verdadero amor.

Ahora la imagen de su verdadero amor está llena de lealtad, tibieza, fidelidad y amistad duradera para usted. Repita la siguiente oración a sí mismo, a medida que yo la digo: «Deseo lealtad, tibieza, fidelidad y amistad duradera de mi verdadero amor». Deje que el marco y el color azul desaparezcan.

Ahora ponga un marco verde alrededor de este espejo. El verde simboliza vida, crecimiento y renovación.

Haga una pausa de 2 segundos

Ahora deje que el color verde inunde todo el espejo, volviendo verde a éste y a la imagen de su verdadero amor.

Haga una pausa de 5 segundos

Ahora la imagen de su verdadero amor está llena de vida siempre creciente y de renovada dedicación hacia usted. Repita la siguiente oración a sí mismo, a medida que yo la digo: «Deseo la vida y la dedicación siempre creciente de mi verdadero amor». Deje que el marco y el color verde desaparezcan.

Ahora coloque un marco púrpura alrededor de este espejo. El color púrpura simboliza la unidad espiritual.

Haga una pausa de 2 segundos

Ahora permita que el color púrpura inunde todo el espejo, volviendo púrpura a éste y a la imagen de su verdadero amor.

Haga una pausa de 5 segundos

Ahora la imagen de su verdadero amor está llena de unidad espiritual con usted. Repita la siguiente oración a sí mismo, a medida que yo la digo: «Deseo que el espíritu de mi verdadero amor se convierta en uno solo conmigo». Deje que el marco y el color púrpura desaparezcan.

Ahora coloque un marco blanco alrededor de este espejo. El blanco simboliza verdad, compatibilidad, honestidad e integridad.

Haga una pausa de 2 segundos

Ahora deje que el color blanco inunde todo el espejo, volviendo blanco brillante a éste y a la imagen de su verdadero amor.

Haga una pausa de 5 segundos

La imagen de su verdadero amor está ahora llena de verdad, compatibilidad, honestidad e integridad hacia usted. Repita la siguiente oración a sí mismo, a medida que yo la digo: «Deseo verdad, honestidad, integridad y total compatibilidad de parte de mi verdadero amor». Deje que el marco y el color blanco desaparezcan.

Ahora ponga un marco dorado alrededor de este espejo. El color dorado simboliza el valor duradero.

Haga una pausa de 2 segundos

Permita ahora que el color dorado inunde todo el espejo, volviendo dorado a éste y a la imagen de su verdadero amor.

Haga una pausa de 5 segundos

La imagen de su verdadero amor ahora está llena de valor duradero para usted. Repita la siguiente oración a sí mismo, a medida que yo la digo: «Deseo valor verdadero de mi verdadero amor». Permita que el marco dorado permanezca alrededor de este espejo.

Ahora ha creado lo que desea de su verdadero amor en un nivel mental. Ahora repita mentalmente la siguiente oración, a medida que yo la digo: «Deseo todo el amor de la persona que es mi verdadero amor y mi alma gemela». Ahora solamente es cuestión de tiempo, hasta que éste se haga manifiesto en el mundo físico.

Estudie ahora los dos espejos con marco dorado, lado a lado. Usted a su derecha, su verdadero amor a su izquierda.

Haga una pausa de 5 segundos

Permita que los dos espejos se mezclen para crear solamente un espejo con marco dorado que refleje tanto a usted como a su verdadero amor lado a lado.

Repita la siguiente oración a sí mismo, a medida que yo la digo: «Esto es lo que deseo sin perjudicar a nadie… encontrarnos mi verdadero amor y yo y unirnos en un amor duradero que enriquezca nuestras vidas».

Respire profundamente y relájese a medida que su espejo va desapareciendo.

Ahora esto es un hecho establecido. Usted y su verdadero amor están destinados el uno para el otro en esta vida actual y sin perjudicar a nadie. Es solamente cuestión de tiempo y de paciencia hasta que se le revele en el mundo físico.

Respire profundo.

En unos pocos momentos se despertará. Todo lo que necesita hacer es contar mentalmente conmigo a medida que yo cuento de uno a cinco. A la cuenta de cinco, abra sus ojos y despierte. Cuando despierte, se sentirá fantástico, lleno de amor, esperanza y optimismo. 1… 2… 3… 4… 5. Abra los ojos y siéntase confortado.

4

Permítanme sembrar amor

Esta grabación trata acerca del amor en todo el sentido del significado de la palabra. Esta no es una grabación romántica de amor de parejas. La cinta ciertamente abarca el amor según esta perspectiva, pero es mucho más profunda y más amplia.

Las poderosas sugestiones hipnóticas en esta grabación pueden transformar su vida a través del poder del amor en una vida extraordinaria de felicidad y de realización.

Aun si escuchó esta grabación sólo una vez, su vida puede ser enriquecida en alguna medida. Escuche esta grabación con la frecuencia que desee. Yo recomiendo que la utilice repetidamente.

Texto de la grabación para el amor transformador

Cierre los ojos, respire y exhale por completo hasta la base de sus pulmones. Repita este paso de nuevo. Relájese. Respire profundo una vez más y esta vez contenga su respiración cuando haya llenado sus pulmones con aire limpio, refrescante y relajante. Mantenga sus ojos cerrados. Ahora deje que su respiración salga lentamente y relájese por completo.

Ahora quiero que imagine que todas sus tensiones, todos sus apuros y todos sus miedos y preocupaciones se acumulan en la parte superior de su cabeza. Deje que todo aquello que lo molesta se resbale sobre su cara, hacia su cuello, sus hombros, a través de su pecho, su cintura, sus caderas, sus muslos, abajo hacia sus rodillas, sus pantorrillas, sus tobillos y hacia afuera de los dedos de sus pies. Toda su tensión, todos sus apuros, todas sus preocupaciones y miedos están saliendo desde las puntas de los dedos de sus pies y se está relajando más cada vez.

Ahora quiero que se imagine que estoy colocando en sus rodillas una bolsa pesada de arena. Sienta la arena presionando sobre sus rodillas. Sus rodillas se están volviendo más pesadas y más relajadas. En la arena hay un ingrediente insensibilizador muy poderoso y que está fluyendo hacia sus rodillas ahora. Sus rodillas se están insensibilizando más y más bajo la arena. Y esta pesada sensación está fluyendo hacia sus pantorrillas, en sus tobillos, en sus pies y sus dedos. Todo abajo de sus rodillas está insensible y se insensibiliza más por la arena. Y ahora la pesada sensación de insensibilidad está subiendo a sus muslos, fluyendo en sus caderas, a través de su cintura y en su pecho. Ésta fluye en sus hombros y estos se hacen más pesados e insensibles. Fluye en sus manos y sus dedos. Fluye ahora de regreso a través de sus antebrazos, sus brazos y sus hombros y en su cuello. Sobre su cara, sobre la cima de su cabeza, hacia abajo de la parte posterior de la cabeza y de la parte posterior de su cuello.

Quiero que ahora se imagine que está mirando a un tablero negro. Imagínese un círculo en el tablero. Vamos a colocar dentro del círculo las letras del alfabeto en orden invertido. Después de que las coloque en el círculo, las borrará del círculo y se relajará cada vez más profundamente.

Imagínese el tablero ahora. Imagínese el círculo. Ponga la letra Z dentro del círculo. Ahora borre la Z de dentro del círculo y profundícese más. Ponga la Y en el círculo, bórrela y profundícese más. La X, bórrela y profundícese aún más. La W y bórrela.

La V y bórrela. La U y bórrela. La T y bórrela. La S y bórrela. La R y bórrela. La Q y bórrela. La P y bórrela. La O y bórrela. La N y bórrela. La M y bórrela. La L y bórrela. La K y bórrela. La J y bórrela. La I y bórrela. La H y bórrela. La G y bórrela. La F y bórrela. La E y bórrela. La D y bórrela. La C y bórrela. La B y bórrela. La A y bórrela. Ahora borre el círculo y olvídese del tablero. Continúe relajándose más y más profundamente. Sienta hundirse en la silla; la mente y el cuerpo se dirigen más y más hacia la relajación profunda con cada respiración.

A medida que inhala, imagínese que está respirando anestesia inodora, limpia y pura. Ahora la anestesia está fluyendo a través de todo su cuerpo. Es una sensación agradable y cálida; mientras más inhala, más se profundiza en su respiración, logrando un estado tranquilo, relajante y pacífico. De ahora en adelante y hasta el fin de esta sesión, se relajará más y más completamente cada vez que respire.

Ahora se encuentra recostado sobre un prado verde y suave con el sol brillante sobre su cabeza. Note las flores a su alrededor. Una suave brisa ondea a través de su cuerpo. Note que el pasto y las flores se levantan unos 30 centímetros por encima de su cabeza, Vea cómo la brisa sopla suavemente las briznas de pasto hacia adelante y hacia atrás. Huela la fragancia de las flores.

Ahora levántese y mire hacia el norte. Vea la majestuosa montaña al final de este prado. Esa es la Montaña de Amor. Viajemos hacia la cima de esa montaña. Hay un riachuelo hacia su derecha. Inclínese y note el agua fría. Tome un poco de esta agua absolutamente pura, limpia, fría y refrescante. Escuche el ímpetu de los pequeños rápidos en este riachuelo burbujeante.

Como la corriente parece provenir de la Montaña de Amor, sigámosla. Ahora encontramos un estanque que está en la cabecera del riachuelo. Note el agua cálida en este lugar. Ya que en este nivel de pensamiento, todos somos expertos nadadores, nademos.

Sienta el tibio sol. Sienta el agua cálida rodeando su cuerpo a medida que se mueve calladamente a través del agua.

Ahora es tiempo de que continuemos subiendo la Montaña de Amor. A medida que escalamos, escuche el canto de las aves. Huela los árboles de pino. Mire las rocas en el banco a nuestra izquierda. A veces podemos observar el valle y el prado abajo a la derecha entre los árboles. Ahora estamos a mitad de camino. Detengámonos para descansar en la roca a nuestra derecha. El prado se divisa desde aquí.

Haga una pausa de 5 segundos

Es hora de continuar subiendo hacia la cima de la montaña. Escuche las ardillas castañetear en los árboles.

La brisa está soplando hacia nosotros el olor de los árboles de cedro, a medida que nos acercamos a la cima. Ahora estamos en la cima de la Montaña de Amor. Hay una plataforma resistente en el borde de la montaña, dominando un profundo valle. Un aviso al lado de la plataforma dice: «Permanezca aquí y pida los doce poderes del amor, invocando el valle de abajo».

Camine y permanezca en la plataforma. Mire hacia abajo al hermoso valle. Este es el valle del amor y en unos pocos instantes, usted pedirá sus doce poderes del amor y los recibirá. Tome primero unos pocos momentos para sentir el tremendo poder y la armonía en este pacífico lugar. Agradezca a su manera por estar aquí.

Haga una pausa de 10 segundos

Ahora respire profundamente y profundícese dentro de sí mismo. Ahora puede pedir su primer poder de amor, diciendo mentalmente la siguiente petición, a medida que yo la digo: «Donde haya odio, que yo siembre amor».

Haga una pausa de 2 segundos

Una voz desde la nube que está encima suyo dice: «Concedido».

Haga una pausa de 2 segundos

Ahora reciba su segundo poder, invocando mentalmente el valle, «¡Donde haya ofensa, que yo siembre perdón!».

Haga una pausa de 2 segundos

La voz desde la nube que está encima de usted dice: «Concedido».

Haga una pausa de 2 segundos

Ahora reciba su tercer poder, diciendo mentalmente: «¡Donde haya duda, que yo siembre fe!».

Haga una pausa de 2 segundos

La voz dice: «Concedido».

Haga una pausa de 2 segundos

Ahora pida su cuarto poder, «Donde haya desesperación, que yo siembre esperanza».

Haga una pausa de 2 segundos

La voz responde desde la nube: «Concedido».

Haga una pausa de 2 segundos

Pida su quinto deseo de amor, «¡Donde haya oscuridad, que yo siembre luz!».

Haga una pausa de 2 segundos

La voz confirma: «Concedido».

Pida su sexto poder, «¡Donde haya tristeza, que yo siembre gozo!».

La voz responde, «Concedido».

Pida su séptimo poder, «¡Donde haya discordia, que yo siembre paz!».

La voz desde la nube dice: «Concedido».

Pida su octavo poder, «Donde haya condena, que yo siembre perdón».

La voz afirma: «Concedido».

Pida su noveno poder, «¡Donde haya necesidad, que yo sea generoso!».

La voz dice: «Concedido».

Pida su décimo poder, «¡Donde no hay amor, que yo ofrezca el mío!».

Pida su decimoprimer poder, «¡Donde haya confusión y desconfianza, que yo siembre entendimiento!».

Haga una pausa de 2 segundos

La voz dice: «Concedido».

Haga una pausa de 2 segundos

Pida su decimosegundo poder del amor, «¡Donde haya infortunio, que yo siembre consolación!».

Haga una pausa de 2 segundos

La voz desde la nube declara: «Concedido».

Haga una pausa de 2 segundos

Ahora ha recibido los doce poderes del amor. Utilícelos generosamente y a cambio recibirá amor y buena fortuna multiplicados por diez en algún aspecto de su vida.

Ahora respire profundo y profundícese.

Ahora dejaré de hablar durante un minuto, mientras medita sobre la hermosa y poderosa experiencia que acaba de tener.

Haga una pausa de 60 segundos

Ahora es tiempo de dejar la Montaña de Amor y de regresar a nuestro prado. Puede regresar aquí cuando lo desee. Vea el sol que se empieza a poner sobre las colinas a la izquierda. Si nos apresuramos, podemos dejar la montaña antes de que oscurezca. Ahora, a mitad del camino bajando de la montaña, paramos para descansar sobre nuestra roca nuevamente. Podemos ver el comienzo de la puesta del sol.

Emprenda nuevamente el descenso de la montaña. Escuche el gorjeo de los pequeños animales nocturnos. Pasando nuestro estanque podemos ver el reflejo de la puesta del sol en su superficie como de espejo. El agua en el riachuelo está fría y refrescante. Ahora hemos regresado a nuestro prado. Recuéstese nuevamente en el pasto alto.

Huela de nuevo la fragancia de las flores. Note que el pasto y las flores regresan a su altura original mientras el prado y la montaña ahora van desapareciendo gentilmente de vista.

Ahora respire profundo y relájese.

La próxima vez que escuche mi voz en la grabación, estará diez veces más profundo de lo que lo está ahora y las sugerencias que reciba entonces irán diez veces más profundas en todos los niveles de su mente.

Cada vez que escuche esta grabación, la calidad y la intensidad del amor en su vida se hará más y más profundo y evidente. Esta grabación le permite enriquecer su vida y la de todos aquellos con quienes usted interactúa. Mientras más ponga en práctica las enseñanzas de esta grabación, mayor será el enriquecimiento de su vida y la vida de los demás sin lugar a duda.

Ahora respire profundo y relájese.

En unos pocos momentos cuando se despierte, se sentirá muy, muy relajado y estará completamente refrescado, vivo, alerta, lleno de energía y confianza. Se sentirá lleno de amor por sí mismo y por todas las personas y todas las cosas. Se sentirá maravilloso. Todo lo que tiene que hacer para despertar es contar conmigo de uno a cinco y a la cuenta de cinco, abrir sus ojos, sentirse relajado, refrescado, alerta y muy animado. Ahora cuente 1... 2... 3... 4... 5.

5

Las múltiples caras del amor

El amor es la más poderosa y la más positiva de todas las energías. El amor es multidimensional. La mayoría de la gente piensa en el amor como la relación romántica entre dos personas que están «enamoradas», o también como la relación entre los miembros de la familia. Estas cosas, por supuesto, son una evidencia poderosa del amor, pero el amor abarca mucho más que esto.

Esta grabación le permite abarcar los diversos aspectos del amor y hacerlos parte de su vida. También es parte de su autoenriquecimiento y puede cambiar su vida para bien en todos los aspectos. Estas grabaciones sobre el amor están diseñadas para convertirlo en una fuente poderosa y en un punto focal de amor; como tal, el negativismo no lo puede tocar.

Puede escuchar esta cinta tan a menudo como lo desee y le recomiendo que la utilice frecuentemente.

Texto de la grabación para el amor poderoso

Cierre los ojos, respire y exhale por completo hasta la base de sus pulmones. Repita este paso de nuevo. Relájese. Respire profundo una vez más y esta vez contenga su respiración cuando haya llenado sus pulmones con aire limpio, refrescante y relajante. Mantenga sus ojos cerrados. Ahora deje que su respiración salga lentamente y relájese por completo.

Ahora enfoque su atención en sus rodillas y relaje todo por debajo de ellas, relaje sus pantorrillas, relaje sus tobillos, relaje sus pies, relaje sus dedos. Todo por debajo de sus rodillas está ahora flojo y relajado. Ahora relaje sus muslos de forma tan completa como pueda. Deje que sus muslos se aflojen y descansen en la silla. Relaje sus caderas y cintura. Ahora relaje su pecho tanto como pueda. Permita que su respiración se suavice y sea profunda, regular y relajada. Relaje sus hombros ahora. Deje que los músculos de sus hombros se vuelvan pesados y flojos. Más y más relajados completamente. Relaje su cuello y su garganta. Deje que su cabeza se afloje a medida que todos los músculos de su cuello se relajan. Ahora relaje su cara tanto como pueda. Deje que se vuelva suave, floja, relajada y cómoda, sus mandíbulas flojas y relajadas, sus dientes no se tocan. Todo suave, suelto y cómodo. Ahora relaje al máximo todos los pequeños músculos alrededor de sus párpados. Sienta que sus párpados se tornan pesados y suaves. Más y más profundamente relajados.

Ahora quiero que imagine que todas sus tensiones, todos sus apuros y todos sus miedos y preocupaciones están desapareciendo gradualmente desde la cima de su cabeza. Déjelos escurrirse a través de su cara, hacia abajo por su cuello, a través de sus hombros, a través de su pecho, su cintura, sus caderas, sus muslos, bajando por sus rodillas, sus pantorrillas, sus tobillos, sus pies y afuera por sus dedos. Toda su tensión, todos sus apuros, todas sus preocupaciones y miedos están desapareciendo lentamente desde la punta de sus dedos y usted se está relajando cada vez más.

Vamos a hacer este ejercicio de relajación una vez más. Esta vez quiero que permita relajarse completamente. No tenga miedo, siempre escuchará mi voz, así que retire todos los impedimentos y permítase sumergirse en una relajación perfecta.

Enfoque otra vez su atención en sus rodillas y relaje todo por debajo de estas. Relaje sus pantorrillas, sus tobillos, relaje sus pies y relaje sus dedos. Ahora relaje sus muslos completamente. Sienta fluir la profunda y pesada relajación en sus caderas. Siéntala subir por su cintura, fluyendo en su pecho, hacia sus hombros, pesados y sueltos, completamente relajados. Y ahora esta pesada sensación de relajación va hacia su cuello y su garganta, sobre toda su cara. Su cara está toda suave y suelta, completamente cómoda y relajada y la pesada relajación está fluyendo en sus ojos y sus párpados ahora. Sus párpados están muy pesados y muy suaves. Cada vez más profundamente relajados.

Ahora quiero que imagine que está mirando un tablero. En el tablero hay un círculo. Coloque la letra X dentro del círculo. Ahora borre la X de dentro del círculo. Ahora borre el círculo. Olvídese del tablero ahora, a medida que se va relajando cada vez más.

Enfoque su atención ahora en la punta de su nariz. Mantenga su atención suavemente enfocada en la punta de su nariz hasta que alcance un punto en el que toda su atención esté en mi voz. Cuando alcance este punto, puede olvidarse de su nariz y simplemente continúe escuchando mi voz y relajándose cada vez más y más profundamente. Y mientras mantiene su atención enfocada en la punta de su nariz, voy a llevarlo a través de cuatro niveles de relajación progresivamente más profundos.

Marcaré estos niveles con letras del alfabeto y cuando usted alcance el primer nivel, el nivel A, estará diez veces más profundamente relajado de lo que inclusive se encuentra ahora. Y entonces desde el nivel A, bajaremos al nivel B y cuando alcance el nivel B, estará nuevamente diez veces más profundamente relajado de lo que estaba antes. Y desde el nivel B, bajaremos aún más, hacia el nivel C. Y cuando alcance el nivel C, estará nuevamente diez veces más profundamente relajado de lo que estaba antes. Y luego desde el nivel C, iremos hacia abajo al nivel más profundo de relajación, el nivel D. Y cuando alcance el nivel D, estará de nuevo diez veces más profundamente relajado que antes. Ahora está yendo en dirección hacia abajo, dos veces más profundo con cada respiración. Sus manos y sus dedos están muy relajados y pesados y se hacen cada vez más pesados. Sienta el peso aumentando en sus manos y en sus dedos. Pesados… más pesados… aún más pesados, hasta el punto que están tan pesados que sus manos y sus dedos parecen estar hechos de plomo. Y esta pesada sensación de relajación profunda está fluyendo ahora hacia arriba por sus antebrazos. Siéntala subiendo por sus brazos. Fluyendo a través de sus hombros, en su cuello, sobre su cara, sobre sus ojos. Fluyendo por sus cejas, su frente, sobre la cima de su cabeza. La pesada sensación de relajación profunda está fluyendo hacia abajo de la parte posterior de su cabeza y de su cuello. Ahora usted se está acercando al nivel A.

Ahora usted está en el nivel A y se está profundizando aún más. Cinco veces más profundo ahora con cada respiración que exhala. Cinco veces más profundo con cada respiración. Su mente está muy tranquila y pacífica. No está pensando en nada ahora. Está muy relajado para pensar. Está muy cómodo para pensar. Y esta pesada relajación en su mente está fluyendo en su cara y sus ojos. Está fluyendo hacia abajo a través de su cuello y en su pecho. Fluyendo hacia abajo por su cintura, a través de sus caderas, de sus muslos, de sus rodillas, de sus pantorrillas, de sus tobillos, de sus pies y de sus dedos. Ahora está llegando al nivel B.

Ahora está en el nivel B y aún se está haciendo más profundo. Flotando suave y gentilmente en una perfecta relajación. Sus brazos y piernas están tan relajados y pesados que los siente como troncos. Sus brazos y sus piernas están rígidos, insensibles y pesados… e inmóviles. Sus brazos y sus piernas están como tablas de madera. Ahora está alcanzando el nivel C.

Ahora está en el nivel C y dirigiéndose aún hacia abajo. Hundiéndose en la silla. Hundiéndose cada vez más en una profunda y perfecta relajación. Y a medida que continúa profundizándose, voy a contar hacia atrás de 15 hasta 1. Cada número que diga lo hará sentirse aún más profundo y cuando llegue a 1, estará en el nivel D. 15… 14… 13… 12… 11… 10… 9… 8… 7… 6… 5… 4… 3… 2… 1… 1… 1, tan profundo, tan soñoliento, tan pesado.

Ahora está en el nivel D y todavía avanzando hacia abajo. Ahora no hay límite… sin límites. Continúe flotando y flotando, avanzando más y más profundo en perfecta relajación, más profundo con cada respiración.

A medida que se hace cada vez más profundo en una perfecta relajación, le ofrezco las siguientes sugestiones para su beneficio.

De todas las personas que conocerá en su vida, usted es la única a quien nunca abandonará o perderá. Para las preguntas de su vida, usted es la única respuesta. A los problemas de su vida, usted es la única solución. Por lo tanto, para alcanzar una vida de amor, armonía, paz y realización, usted debe crearla. El amor es el primer factor para alcanzar este tipo de vida. Para obtener amor, debe darlo. El amor se debe dirigir internamente hacia sí mismo y externamente hacia los demás. Y al dirigir el amor hacia los demás, demuestre el más profundo amor y respeto hacia sí mismo. El amor es mucho más que el amor romántico hacia un cónyuge o amante; mucho más que el amor entre miembros de la familia o entre amigos. El amor tiene muchas caras y es importante integrar tantas como sea posible en su vida para que sea eternamente enriquecida. Las sugerencias a continuación le ayudan a abarcar las múltiples caras del amor. Repita conmigo y a sí mismo, cada una de estas sugerencias a medida que las digo:

«Mostraré mi amor siendo paciente cuando preferiría estar impaciente».

«Mostraré mi amor perseverando cuando podría ser fácil renunciar».

«Mostraré mi amor sonriendo cuando preferiría quejarme».

«Mostraré mi amor diciendo "gracias" por todas las cortesías y amabilidades que me demuestren, sin importar lo pequeñas o triviales que parezcan».

«Mostraré mi amor ofreciendo una mano caritativa cuando en realidad no deba o no quiera, tal como mantener una puerta abierta a alguien, ayudar a limpiar un desorden que no hice o tomar un momento para ser amable con un extraño que tenga un problema».

«Mostraré mi amor buscando oportunidades de ofrecer una palabra o una acción agradable que ayude a alguien más a tener un día más bonito».

«Mostraré mi amor adquiriendo el hábito de decir frecuentemente "Te amo" a quienes están cerca a mí, tales como miembros de mi familia y amigos queridos».

«Mostraré mi amor dándole a mi jefe trabajo honesto todos los días, inclusive cuando preferiría trabajar poco».

«Mostraré mi amor siendo sincero, aun cuando una pequeña mentira se adaptaría mejor a mi propósito».

«Mostraré mi amor llevando a cabo mis actividades con integridad».

«Mostraré mi amor manteniendo mi boca cerrada cuando sería más divertido chismorrear acerca de alguien».

«Mostraré mi amor manteniendo un secreto, cuando preferiría contarlo».

«Mostraré mi amor diciendo una palabra amable cuando sería más fácil decir una palabra dura».

«Mostraré mi amor siendo cortés en lugar de ser grosero».

«Mostraré mi amor perdonándome a mí mismo y a los demás en lugar de condenarlos».

«Mostraré mi amor pensando en los demás en lugar de ser desconsiderado».

«Mostraré mi amor ofreciendo amistad a los desamparados y solitarios».

«Mostraré mi amor comprometiéndome en lugar de dar la espalda o justificarse».

«Mostraré mi amor pensando, diciendo y practicando puedo en lugar de no puedo».

«Mostraré mi amor exigiendo rectitud y justicia para mí mismo y para los demás».

»Mostraré mi amor estando dispuesto a admitir nuevas ideas en lugar de tener prejuicios».

«Mostraré mi amor haciendo por lo menos todos los días una buena acción, la cual no esté obligado a hacer simplemente porque quiero y me hace sentir bien».

«Mostraré mi amor controlando mi temperamento cuando preferiría manifestarlo».

«Mostraré mi amor evitando cualquier acción deliberada que pudiera producir una amenaza o un daño a mí mismo o a los demás».

«Mostraré mi amor practicando la prudencia y el buen juicio en todas mis acciones».

«Mostraré mi amor no permitiendo que nadie ni nada abusen de mí, me maltraten o me pongan en ridículo».

«Mostraré mi amor no abusando, maltratando ni poniendo en ridículo a nadie más».

Ahora, respire profundo y profundícese.

Ahora acaba de abarcar algunas de las muchas caras del amor.

Haga de esas caras del amor una parte viva de su vida todos los días y su vida entrará en una nueva dimensión de gozo y de éxito sin lugar a duda.

Ahora repita la siguiente sugerencia a sí mismo, a medida que la digo: «Me estoy comprometiendo conmigo mismo para hacer de las caras del amor una parte de mi vida más y más todos los días. Ahora me doy cuenta de que el verdadero amor es una dedicación total al enriquecimiento de toda vida... mi vida y la vida de todos con quienes yo interactúo. Estoy dedicado a hacer del amor la fuerza dominante en mi vida».

Cada vez que escuche esta grabación, lo hará sentir maravilloso. Y cada vez que la escuche, se relajará completamente. Se profundizará incluso más de lo que lo está ahora y las sugerencias se profundizarán cada vez más en su mente. Escuchando esta grabación con regularidad, traerá más y más amor a su vida en todos sus niveles.

La próxima vez que escuche mi voz en la grabación se relajará diez veces más profundo de lo que está ahora. Y las sugerencias que le he dado continuarán profundizándose y profundizándose en su mente.

Dentro de pocos instantes cuando se despierte, se sentirá muy relajado y estará completamente reanimado, vivo, alerta, lleno de energía, lleno de confianza y lleno de amor. Se sentirá sencillamente maravilloso. Todo lo que tiene que hacer para despertarse es contar conmigo de uno a cinco y a la cuenta de cinco, abrir sus ojos, sentirse relajado, reanimado, alerta, y muy eufórico. Sintiéndose muy bien de verdad. 1... 2... 3... 4... 5.

6

Recordando y comprendiendo sus sueños

Esta grabación le ayudará a recordar sus sueños y a entender su significado. Escúchela antes de ir a dormir por las noches y a medida que se queda dormido.

Mantenga lápiz y papel cerca a su cama, ya que puede despertar en medio de la noche con el recuerdo de uno o varios sueños. De ser así, escríbalo todo mientras está fresco en su mente; si espera hasta más tarde, puede olvidar detalles importantes.

Cuando despierte por la mañana, escriba todo lo que recuerda sobre sus sueños. Es posible despertar en la noche y recordar un sueño. Después volverá a dormir y tendrá más sueños que recordará cuando se despierte por la mañana. Asegúrese de escribir cuidadosamente, debido a que eso le refuerza a su mente que usted toma en serio el hecho de recordar y comprender sus sueños.

Si el significado de su sueño no llega al instante cuando lo está escribiendo, diga en su mente: «¡Quiero entender el significado de este sueño!». El significado puede llegar entonces de forma inmediata o en un destello en un momento más tarde.

Cuando recuerde un sueño y lo entienda, diga mentalmente «gracias» a su mente.

Recordar y entender sueños es simplemente asunto de entrenar su mente. Al comienzo puede obtener sólo resultados fragmentarios, pero eventualmente logrará excelentes resultados si persiste. Debe utilizar esta grabación todas las noches o tan frecuentemente como pueda, hasta que tenga su mente entrenada para obtener resultados que le satisfagan.

El otro texto a grabar sobre sueños de este libro (en el próximo capítulo) le entrena su mente para resolver problemas por medio de sus sueños. Por lo tanto, es conveniente volverse experto recordando y comprendiendo antes de que pueda esperar buenos resultados en la solución de problemas.

Los sueños juegan un papel vital en nuestro equilibrio mental y físico. Fuentes de entretenimiento y de información importante, los sueños son un canal que nuestra mente superconsciente utiliza para comunicarse con nosotros. Albert Einstein obtuvo su teoría de la relatividad en sus sueños.

Algunas veces su sueño se puede interpretar con facilidad. Por ejemplo, se puede soñar haciendo un viaje en avión a París en un futuro cercano y resulta que es exactamente lo que sucederá.

Otras veces, se sueña en símbolos. Por ejemplo, puede soñar que un oso negro lo está amenazando para matarlo. El oso puede ser un símbolo de la gran cantidad de tabacos negros que usted fuma. El sueño simplemente le está advirtiendo que los tabacos significan un peligro para su salud.

Algunas veces un sueño es parcialmente simbólico y parcialmente literal, pero en todos los casos su mente le puede dar una interpretación acertada. Si aprende a recordar y a comprender sus sueños, puede abrir nuevas perspectivas de conocimiento y de experiencia.

Ahora sólo escuche esta grabación y siga las instrucciones. No combata el sueño. Si desea dormir mientras la cinta todavía está sonando, hágalo. La información será absorbida en su mente subconsciente, ya que ésta nunca duerme.

Texto de la grabación para recordar los sueños

Cierre sus ojos y respire profundo. Permítase a sí mismo relajarse.

Quiero que imagine que todas sus tensiones, todos sus apuros y todos sus miedos y preocupaciones se acumulan en la cima de su cabeza. Ahora déjelos resbalar por su cara, a través de su cuello, sus hombros, a través de su pecho, su cintura, sus caderas, sus muslos, bajar por sus rodillas, sus pantorrillas, sus tobillos, sus pies y fuera de sus dedos. Toda su tensión, todos sus apuros, todas sus preocupaciones y sus miedos se están desvaneciendo ahora por la punta de sus dedos y se está relajando cada vez más.

Ahora quiero que se imagine que estoy colocando en cada una de sus rodillas una pesada bolsa de arena. Sienta la arena presionando sus rodillas. Sus rodillas se están haciendo más pesadas y más relajadas. En la arena hay un poderoso ingrediente insensibilizador y la insensibilidad está fluyendo ahora hacia abajo en sus rodillas. Sus rodillas se están volviendo más insensibles cada vez bajo la arena. Y la pesada sensación de insensibilidad está bajando hacia sus pantorrillas, en sus tobillos, en sus pies y en sus dedos. Todo debajo de sus rodillas es más insensible debido a la arena. Y ahora la sensación pesada de insensibilidad está subiendo por sus muslos, fluyendo en sus caderas, a través de su cintura y en su pecho. Fluye en sus hombros y se hace más pesada e insensible. Fluye hacia sus brazos, sus antebrazos, en sus manos y en sus dedos. Fluye de regreso ahora por sus antebrazos, sus brazos, sus hombros y en su cuello. Sobre su cara, sus ojos. Sube hasta sus cejas, su frente, sobre la cima de su cabeza, baja por la parte posterior de su cabeza y de su cuello.

A medida que inhala en su respiración, imagine que está aspirando anestesia pura, limpia y sin olor. La anestesia está fluyendo ahora a través de todo su cuerpo. Es una sensación cálida y agradable, y entre más la aspira más se profundiza en su respiración logrando una sensación pacífica, relajante y tranquila. De ahora en adelante y hasta el final de esta sesión, se relajará cada vez más completamente con cada respiración que tome.

Cuando se despierte, escribirá todos los detalles de los sueños que recuerde y su mente le proporcionará el conocimiento necesario para interpretar los sueños. También escribirá su significado.

Ahora repita conmigo las siguientes sugerencias, a medida que yo las digo.

«Esta noche deseo tener sueños y tendré sueños».

«Cuando despierte, recordaré mis sueños y escribiré lo que recuerde».

«Deseo comprender el significado de mis sueños y comprenderé el significado de mis sueños».

«Escribiré el significado de mis sueños cuando despierte».

Ahora relájese y déjese llevar hacia un sueño tranquilo, pacífico. A medida que esté más profundo, contaré desde diez hasta uno. Cada número que diga lo llevará a un nivel de la mente aún más profundo.

10, se siente más profundo. 9, aún más profundo. 8, más y más profundo. 7… 6… 5… 4… 3, más y más profundo, 2… 1.

Esta noche mientras duerme tranquilamente, tendrá sueños.

Recordará y entenderá esos sueños cuando despierte. Cuando despierte, escribirá todos los detalles de los sueños que recuerde y también escribirá los significados de esos sueños.

Si los sueños o sus significados no le llegan inmediatamente, todo lo que debe hacer es decir mentalmente: «Quiero recordar los sueños que tuve anoche y quiero entender sus significados».

La conciencia de los sueños y su significado puede llegarle al instante. O estos pueden llegarle en varios momentos en el transcurso del día. Siempre que tenga un conocimiento, escríbalo.

Ahora repita mentalmente conmigo las siguientes sugerencias a sí mismo, a medida que las digo.

«Esta noche soñaré y recordaré los sueños cuando despierte».

«Escribiré todo lo que recuerde sobre mis sueños cuando despierte».

«Mi mente me proporcionará el significado de mis sueños y también lo escribiré».

«Estoy entrenando mi mente para que recuerde siempre mis sueños y para que me proporcione su significado».

«Estoy agradecido por tener una mente tan maravillosa».

«Estoy agradecido por tener sueños que puedo recordar y que me brindan información».

Ahora contaré desde cinco hasta uno. Cada número lo llevará a estar diez veces más profundo que antes. 5, diez veces más profundo. 4, más profundo, más profundo y más profundo. 3, aún más profundo. 2, siente que está más profundo. 1, muy profundo, muy relajado.

Esta noche soñará. Cuando despierte recordará sus sueños y comprenderá el significado de ellos. Escribirá todo lo que recuerde acerca de sus sueños y de su significado.

Está entrenando su mente para traer sus sueños y sus significados a su conocimiento consciente.

Ahora repita mentalmente las siguientes sugerencias a sí mismo, a medida que yo las digo.

«Estoy entrenando mi mente para que me proporcione conciencia y comprensión de mis sueños. Mi mente obedecerá y me proporcionará lo que yo desee».

«Esta noche soñaré. Recordaré y entenderé mis sueños cuando despierte. Escribiré todo lo que recuerde».

«Estoy agradecido por este maravilloso regalo de los sueños».

Ahora contaré hacia atrás a partir de 99. Sólo relájese y deje que los números lo lleven a un profundo sueño en el cual soñará.

99... 98... 97... 96... 95... (Continúe grabando la cuenta regresiva hasta que llegue al número 1 o al final de la cinta, lo que ocurra primero).

7

Utilizando sus sueños
para resolver problemas

Ahora que ha entrenado su mente para recordar e interpretar sus sueños, está listo para avanzar al siguiente paso. Esta grabación entrenará su mente para utilizar sus sueños como herramienta para solucionar sus problemas.

La secuencia para utilizar sus sueños en la solución de problemas es la siguiente:

- Primero, relájese y cambie su estado de conciencia —hipnotícese a sí mismo.

- Dígale a su mente que quiere que se le dé información en los sueños, la cual lo lleve a la mejor solución del problema que tiene en mente.

- Establezca mentalmente el problema que desea solucionar.

- Dígale a su mente que quiere recordar los sueños y comprender por completo la información que contienen.

- Váyase a dormir.

- Cuando despierte, escriba todo lo que recuerde sobre sus sueños. La solución a su problema puede llegarle inmediatamente o puede llegar más tarde en un destello o puede venir por cualquier otro medio.

- Usted puede obtener la solución completa o puede obtener información que lo llevará a la solución.

- Cuando recuerde el sueño y entienda la información u obtenga una solución, pronuncie mentalmente un «gracias» a su mente superior.

Ahora hagamos todo esto en una sesión de entrenamiento de estado alterado (autohipnosis) cuando se retire por la noche.

Escuche la grabación y siga las instrucciones. Tenga claro en su mente el problema que desea resolver.

No combata el sueño. Si desea dormir mientras la cinta todavía está sonando, hágalo. La información todavía será absorbida en su mente subconsciente. La cinta se detendrá automáticamente cuando alcance el final.

Texto de la grabación para solucionar sus problemas por medio de los sueños

Cierre sus ojos. Respire profundo y relájese.

Quiero que imagine que todas sus tensiones, todos sus apuros y todos sus miedos y preocupaciones se acumulan en la cima de su cabeza. Ahora déjelos resbalar por su cara, a través de su cuello, sus hombros, a través de su pecho, su cintura, sus caderas, sus muslos, bajar por sus rodillas, sus pantorrillas, sus tobillos, sus pies y fuera de sus dedos. Toda su tensión, todos sus apuros, todas sus preocupaciones y sus miedos se están desvaneciendo ahora por la punta de sus dedos y se está relajando cada vez más.

Ahora quiero que se imagine que estoy colocando en sus rodillas una bolsa pesada de arena. Sienta la arena presionando sobre sus rodillas. Sus rodillas se están volviendo más pesadas y más relajadas. En la arena hay un ingrediente insensibilizador muy poderoso y que está fluyendo hacia sus rodillas ahora. Sus rodillas se están insensibilizando más y más bajo la arena. Y esta pesada sensación está fluyendo hacia sus pantorrillas, en sus tobillos, en sus pies y sus dedos. Todo abajo de sus rodillas está insensible y se insensibiliza más por la arena. Y ahora la pesada sensación de insensibilidad está subiendo a sus muslos, fluyendo en sus caderas, a través de su cintura y en su pecho. Ésta fluye en sus hombros y estos se hacen más pesados e insensibles. Fluye en sus manos y sus dedos. Fluye ahora de regreso a través de sus antebrazos, sus brazos y sus hombros y en su cuello. Sobre su cara, sobre la cima de su cabeza, hacia abajo de la parte posterior de la cabeza y de la parte posterior de su cuello.

A medida que inhala en su respiración, imagine que está aspirando anestesia pura, limpia y sin olor. La anestesia está fluyendo ahora a través de todo su cuerpo. Es una sensación agradable y cálida, y entre más inhala, más se profundiza en su respiración logrando un estado relajante y tranquilo. De ahora en adelante y hasta el final de esta sesión, se relajará cada vez más completamente cada vez que respire.

Esta noche utilizará sus sueños para solucionar el problema que tiene en mente.

Repita mentalmente las siguientes dos sugerencias a sí mismo, a medida que las digo.

«Deseo encontrar la mejor solución al problema que tengo en mente».

«Deseo que esta noche mis sueños me proporcionen información que comprenda y que llevará a la solución de mi problema».

Ahora dejaré de hablar durante 60 segundos mientras usted define mentalmente y repasa el problema para el que desea encontrar la mejor solución en sus sueños.

Haga una pausa de 60 segundos

Ahora ha planteado el problema que desea que sus sueños resuelvan.

Contaré ahora de diez a uno. Cada número que diga, lo llevará a un nivel más profundo de relajación.

10, se siente más profundo. 9, aún más profundo. 8, más y más profundo. 7… 6… 5… 4… 3… más y más profundo… 2… 1.

Esta noche, cuando duerma tranquilamente, tendrá sueños. Estos sueños contendrán información que llevarán a la solución del problema que tiene en mente. Cuando despierte, recordará los sueños y comprenderá sus significados. Comprenderá la información que busca para la solución de su problema. Escribirá cuidadosamente los sueños y sus significados para que los estudie y reflexione sobre ellos de forma que tenga la solución que busca.

Repita las siguientes sugerencias mentalmente a medida que yo las diga.

«Esta noche soñaré, recordaré y comprenderé mis sueños cuando despierte».

«Esta noche, mis sueños me proporcionarán la información que necesito para solucionar el problema que tengo en mente».

Ahora dejaré de hablar durante 30 segundos mientras repasa mentalmente el problema que desea que sea resuelto por sus sueños.

Haga una pausa de 30 segundos

El problema que tiene en mente será resuelto por sus sueños esta noche.

Despertará con un recuerdo total de sus sueños y de sus significados. Escribirá todo lo que recuerde. Entenderá la mejor solución a su problema cuando estudie todo lo que ha escrito.

Ahora contaré de cinco a uno. Cada número lo dejará diez veces más profundo que antes. 5, diez veces más profundo. 4, más profundo, más profundo y más profundo. 3, aún más profundo. 2, se siente más profundo. 1, muy profundo, muy relajado.

Repita las siguientes sugerencias mentalmente a medida que yo las digo.

«Estoy entrenando mi mente para que me suministre soluciones a mis problemas, en mis sueños, mientras duermo».

«Estoy agradecido por tener una mente tan maravillosa».

«Estoy agradecido por tener sueños que puedo recordar y comprender y que me proporcionan información valiosa para la solución de problemas».

Ahora dejaré de hablar durante 15 segundos, mientras establece mentalmente el problema que desea que sea solucionado en sus sueños.

Haga una pausa de 15 segundos

La mejor solución para el problema que acaba de definir, le será suministrada en sus sueños esta noche.

Cuando despierte, escriba todo lo que recuerde acerca de sus sueños. Escriba el significado de los sueños. Estudie entonces lo que ha escrito y estará consciente de la información que necesita para solucionar su problema de la manera que sea más conveniente para usted.

Repita las siguientes sugerencias mentalmente, a medida que yo las digo.

«Esta noche tendré sueños que me proporcionarán la información que necesito para resolver el problema que tengo en mente».

«Escribiré todo cuando despierte y comprenderé todo lo que necesito para solucionar el problema».

«Estoy agradecido por este maravilloso regalo de los sueños».

Ahora contaré regresivamente a partir de 99. Sólo relájese y deje que los números lo lleven a un profundo sueño, en donde tendrá sueños que contienen la información valiosa que busca.

99... 98... 97... 96... 95... (continúe contando regresivamente hasta que llegue a 1 o al final de la cinta, lo que ocurra primero).

8

Afirmaciones para adultos

Esta grabación está diseñada para utilizarse a la hora de dormir. A medida que se deja llevar por el sueño, escuchará en la grabación sugerencias positivas, exitosas, útiles, constructivas, y poderosas en muchos niveles de su mente subconsciente de forma que puede enriquecer todos los aspectos de su vida.

Todos los milagros empiezan en la mente. Esta grabación llevará a varios niveles de su mente sugerencias que lograrán milagros. Escuche la grabación todas las noches o tan a menudo como le sea posible y observará los cambios en su vida. La cinta se detendrá automáticamente al final, así que sólo déjese llevar por el sueño mientras escucha la grabación. El mensaje continuará penetrando en su mente subconsciente, aunque esté dormido.

También podrá escuchar esta cinta cada vez que lo desee, no solamente a la hora de dormir.

Texto de la grabación de las afirmaciones para adultos

Cierre sus ojos y respire profundo. Permítase a sí mismo relajarse.

Quiero que imagine que todas sus tensiones, todos sus apuros y todos sus miedos y preocupaciones se acumulan en la cima de su cabeza. Ahora déjelos resbalar por su cara, a través de su cuello, sus hombros, a través de su pecho, su cintura, sus caderas, sus muslos, bajar por sus rodillas, sus pantorrillas, sus tobillos, sus pies y fuera de sus dedos. Toda su tensión, todos sus apuros, todas sus preocupaciones y sus miedos se están desvaneciendo ahora por la punta de sus dedos y se está relajando cada vez más.

Ahora quiero que se imagine que estoy colocando en sus rodillas una bolsa pesada de arena. Sienta la arena presionando sobre sus rodillas. Sus rodillas se están volviendo más pesadas y más relajadas. En la arena hay un ingrediente insensibilizador muy poderoso y que está fluyendo hacia sus rodillas ahora. Sus rodillas se están insensibilizando más y más bajo la arena. Y esta pesada sensación está fluyendo hacia sus pantorrillas, en sus tobillos, en sus pies y sus dedos. Todo abajo de sus rodillas está insensible y se insensibiliza más por la arena. Y ahora la pesada sensación de insensibilidad está subiendo a sus muslos, fluyendo en sus caderas, a través de su cintura y en su pecho. Ésta fluye en sus hombros y estos se hacen más pesados e insensibles. Fluye en sus manos y sus dedos. Fluye ahora de regreso a través de sus antebrazos, sus brazos y sus hombros y en su cuello. Sobre su cara, sobre la cima de su cabeza, hacia abajo de la parte posterior de la cabeza y de la parte posterior de su cuello.

A medida que inhala, imagínese que está respirando anestesia inodora, limpia y pura. Ahora la anestesia está fluyendo a través de todo su cuerpo. Es una sensación agradable y cálida; mientras más inhala, más se profundiza en su respiración, logrando un estado tranquilo, relajante y pacífico. De ahora en adelante y hasta el fin de esta sesión, se relajará más y más completamente cada vez que respire.

A medida que continúa profundizándose más y más con cada respiración, le ofrezco las siguientes sugerencias para su beneficio.

Repita mentalmente estas tres sugerencias a medida que las digo.

«Todos los días, en todas las formas estoy mejorando más, más y mucho más».

«Los pensamientos positivos me traen los beneficios y las ventajas que yo deseo».

«Estoy en total control de todos los aspectos de mi vida».

Ahora contaré regresivamente de diez a uno. Cada número que diga lo llevará a un nivel de la mente aún más profundo. 10, se siente más profundo. 9, aún más profundo. 8, más y más profundo. 7… 6… 5… 4… 3… más y más profundo… 2… 1. Ahora está en un nivel de la mente más profundo. Le ofrezco las siguientes sugerencias para su beneficio.

Usted es una persona buena y valiosa. Es tan importante como cualquier otra.

Tiene una mente excelente y ahora está aprendiendo a utilizar más de su mente de una forma muy especial para enriquecer su vida.

Está en control de su propia vida, y sea lo que sea que elija hacer, puede hacerlo.

Será completamente exitoso y disfrutará de sus triunfos.

Su aura irradia con la fuerza y los colores que usted decida por medio de su condición mental, física y emocional.

Usted elige estar en un estado tan positivo, saludable y equilibrado que su aura es poderosa, clara y brillante, con la energía benéfica que desee.

Ahora respire profundo y profundícese.

Repita conmigo las siguientes sugerencias mentalmente a medida que yo las digo:

«Estoy haciendo un compromiso conmigo mismo para enriquecer mi vida, utilizando mis poderes mentales más efectivamente. Una de las formas en las que estoy utilizando mis poderes mentales más efectivamente es utilizar esta cinta de autohipnosis para programar mi mente con afirmaciones benéficas».

«Estoy dedicado a crear una vida mejor para mí mismo y para todos aquellos con quienes interactúo».

«Estoy creando un centro de poder de amor, éxito y felicidad dentro de mí mismo para atraer hacia mí el beneficio y para proyectar el beneficio a los demás».

Ahora voy a contar desde cinco hasta uno. Cada número lo llevará a un nivel mental progresivamente más profundo. 5, se siente más profundo. 4, más y más profundo. 3, aún más profundo. 2, más profundo. 1, ahora está en un nivel mental muy profundo.

Le ofrezco las siguientes sugerencias para su beneficio.

Usted puede ayudar a mantener y a fomentar una buena salud, diciendo y pensando estas palabras todos los días: «Todos los días, en todos los sentidos, estoy mejorando, mejorando y mejorando».

Usted es lo que piensa. Ahora le está ordenando a su mente que siempre dirija su vida de una forma tal, que fomente una vida larga, saludable y feliz. Y escuchará y seguirá los dictados benéficos de su mente.

Sentirá la libertad natural para amar mentalmente y se sentirá libre de miedo y libre de rechazo.

Cuando se compromete en actividad sexual con una pareja ideal, será estimulado y excitado fácil y rápidamente. Disfrutará plenamente el encuentro sexual y traerá placer tanto a sí mismo como a su pareja.

Usted es una persona hermosa, inteligente y valiosa. Y todos los días a partir de ahora, se convertirá en la persona más completa que realmente quiere ser. Tendrá confianza, estará relajado, sereno, encantador, optimista y firme en la resolución de hacer lo que quiere por su propia felicidad.

Durante sus horas de trabajo se sentirá relajado y calmado. Sin importar lo que suceda, manejará todas las situaciones de una manera relajada, calmada y sensible, libre de tensión.

Ahora voy a contar desde diez hasta uno. Visualice mentalmente cada número a medida que yo lo digo y cuando llegue a uno, estará en un nivel mental aún más profundo que aquel en el que está ahora.

10... 9... 8... 7... 6... 5... 4... 3... 2... 1. Ahora está en un nivel mental aún más profundo. A medida que continúa profundizándose con cada respiración, le ofrezco las siguientes sugerencias para su beneficio.

Todos los días el poder se hará más y más fuerte.

No permitirá que otras personas o situaciones gobiernen su vida. Usted controla su vida y así es que quiere que sea.

No permitirá ser intimidado por nadie, nada o ninguna situación. Nada lo puede intimidar, siempre y cuando no lo permita.

Tiene un profundo respeto por sus derechos y por los derechos de los demás. Se da cuenta que nadie tiene el derecho de privarlo a usted de sus derechos. También se da cuenta de que no tiene el derecho de privar a nadie de sus derechos.

Desea recibir más amor y dar más amor, ya que sabe que el amor es la fuerza más benéfica que existe.

Está comprometido a ser más amoroso, siendo más paciente, más comprensivo, más clemente, más benigno en sus palabras y acciones y más abierto y honesto.

Ahora respire profundo y profundícese.

Cada vez que escuche mi voz en esta cinta o en cualquier otra cinta, se profundizará más de lo que lo haya hecho antes y las sugestiones que le doy penetrarán más y más profundamente en su mente para su beneficio.

A medida que continúa profundizándose con cada respiración, le ofrezco las siguientes sugerencias para su beneficio.

Usted es una persona exitosa y disfruta sus triunfos. Parte de su éxito es su capacidad para manejar su tiempo efectivamente. Planifica su tiempo y sus proyectos y ejecuta su plan prontamente sin permitirse ninguna distracción.

Es capaz y eficiente y su mente creativa sabe lo que usted puede hacer. Su mente creativa encontrará una forma de guiarlo hacia las circunstancias y las situaciones correctas para aprovechar mejor sus habilidades.

Es una persona amorosa y atrae el amor y la buena fortuna hacia sí mismo.

Cuando hace el amor, lo hace muy gentilmente, pero con entusiasmo, seriamente y con ternura, y fervientemente para la satisfacción mutua de sí mismo y de su pareja permisiva.

Es estimulado fácil y saludablemente por los encuentros sexuales con un compañero permisivo. Le gusta hacer el amor. Disfruta dando y recibiendo amor.

Está dispuesto a vivir su vida de la forma que decida que es mejor para usted. Se da cuenta que nadie más tiene el derecho de decidir lo que debe hacer o cómo debe vivir. Se da cuenta de que la única restricción sobre usted es que no tiene el derecho de hacer o de decir nada que prive a otros de sus derechos.

Ahora está muy relajado y continuará más relajado cada día. Siempre estará relajado y calmado sin importar lo que esté sucediendo a su alrededor. Y cualquier cosa que suceda, la puede manejar de una manera relajada, madura y sensible, ya que tiene el control ahora y no está intimidado por nadie, por nada o por ninguna situación.

Todos los días notará que está tomando una actitud más filosófica y libre de serias preocupaciones acerca de los problemas diarios de la vida.

Le gusta ser quien es y ama a la persona en quien se está convirtiendo ahora.

Ama la vida.

Todos los días se está convirtiendo aún más en la persona que realmente quiere ser.

Todos los días se siente mejor, mejor y mejor.

Está dispuesto a alcanzar sus objetivos y a vivir la vida en la forma que desea.

Usted es una persona exitosa y disfruta de sus triunfos.

No cae en tentaciones que sabe que son contrarias a sus mejores intereses. Permanecerá firme en todas sus decisiones.

Es una persona buena, valiosa y con mucha fuerza de voluntad y le gusta ser quien es.

Todos los días se vuelve más fuerte y mejor en todos los sentidos.

Tiene una mente excelente y la utilizará más efectivamente todos los días de ahora en adelante.

Confía en que todas las cosas en la vida se resolverán para usted y se siente bien por eso.

Puede hablar y pensar tan inteligentemente como cualquier otra persona y se siente confiado en todas las situaciones.

Acepta a las personas tal y como son. Irradiará calidez y verá que las personas también la irradiarán como respuesta.

Usted es la persona más importante del mundo y no permitirá que nada ni nadie le quite esa dignidad.

No permitirá que nada ni nadie determine cómo se va a sentir. Tiene el control y escoge sentirse feliz, importante y valioso.

Siente la fortaleza de estar alejado de cualquier actividad que sea potencialmente peligrosa para usted en algún sentido.

Desea una vida larga, saludable y feliz y su mente dirigirá sus actividades y sus patrones de pensamiento de forma tal que realizará este objetivo.

Todos los días se sentirá muy relajado y sin embargo muy alerta.

Se da cuenta que el miedo es el único enemigo que una persona puede tener y no permitirá que ningún tipo de miedo tenga influencia sobre su vida.

No aplazará las cosas que tenga que hacer.

Ahora está haciendo un compromiso consigo mismo para no dejar para mañana lo que pueda y deba hacer hoy.

Nunca más volverá a ser esclavo de cualquier cosa, de cualquier persona o de cualquier trabajo. Usted es su propia persona y tiene el control total.

Cuando trabaja, lo hace con integridad. Realiza un día de trabajo justo por el dinero que gana.

Siente un interés intenso en su trabajo y siente una tremenda inclinación a desarrollar lo mejor de su capacidad.

Está comprometido con su éxito total sin perjudicar a nadie.

Está creando un aura que irradia amor, integridad, honestidad y equilibrio. Esta aura atraerá hacia usted todas las cosas buenas para su beneficio, su felicidad y su éxito.

Todos estos objetivos ahora son una realidad en su nivel mental y espiritual. Ahora es sólo cuestión de tiempo, persistencia, paciencia, práctica y perseverancia hasta que sus objetivos se vuelvan realidad en el mundo físico.

Ahora se sentirá impulsado hacia un sueño pacífico y relajante. Mientras duerme, todas las sugerencias que recibió en esta grabación continuarán profundizándose más y más en su mente hasta que penetren en cada parte de su mente.

Cuando despierte por la mañana se sentirá completamente reanimado. Se sentirá lleno de confianza, felicidad y buena voluntad. Mañana, en la medida que realice sus actividades diarias, empezará a experimentar los beneficios de las sugestiones que ha recibido esta noche. Utilice esta cinta con frecuencia y así incrementará la efectividad y la profundidad de sus beneficios.

Ahora váyase a dormir.

9

Control de las fobias y el miedo
(cinta uno)

La cinta uno (el texto de este capítulo) y la cinta dos (el texto del siguiente capítulo) contienen procedimientos de autohipnosis para ayudarle a librarse de su miedo o fobia. Necesitará grabar y utilizar los dos textos de las cintas tal como se ha indicado para tener un completo programa de control de fobia y del miedo.

Una fobia es un miedo persistente, anormal o ilógico a una cosa o situación específica. Sin importar cuál sea su miedo, estos dos textos se ocuparán de *él,* ya que enfocan la situación desde una perspectiva de miedo total en lugar de tratar solamente los síntomas del miedo específico.

Discutamos algunos hechos acerca del miedo.

El miedo que ha experimentado es completamente su propia creación. Usted no nació con miedo a las alturas, o miedo a los espacios abiertos o a los espacios cerrados, o a estar en un avión, o en un ascensor, o a cualquier cosa que le tenga miedo. Usted creó el miedo del cual quiere deshacerse ahora. No piense que alguien más o que alguna situación le provocó tener el miedo porque eso simplemente no es verdad. Usted elige reaccionar ante alguien o ante alguna situación de forma tal que crea el miedo. Es su creación y el primer paso principal para resolver el problema es aceptar la responsabilidad de su creación.

Debido a que usted creó el miedo, también tiene el poder para librarse de él. Lo creado nunca puede ser más poderoso que la fuerza que la creó. Por lo tanto usted, como el creador, es más poderoso que el miedo que creó.

Aquí reposa su capacidad para expulsar completamente el miedo de su vida si realmente lo desea, Estos dos textos de cinta de autohipnosis lo guían a través de un procedimiento para lograrlo.

El segundo paso es reconocer el miedo como lo que realmente es —una entidad ambiciosa y cobarde—. Un cobarde ataca cuando se le da la espalda. Se queda en las sombras donde puede serpentear y tomarlo por sorpresa. Esta es la forma en que el miedo se apodera de usted —de modo furtivo y cobarde—. El miedo es ambicioso porque quiere robarle todo el gozo de la vida. Usted tiene el derecho natural a una vida agradable y esta entidad ambiciosa, cobarde y furtiva quiere privarlo de eso. El miedo es diminuto. Solamente su estado emocional es el que magnifica esa entidad hasta llevarla a proporciones gigantescas.

Ahora vamos a darle a esta entidad ambiciosa un nombre. El nombre es *Enam*, lo cual significa «Entidad Ambiciosa». Siempre que utilice la palabra *Enam,* me estoy refiriendo al miedo específico que está eliminando. No hay ninguna diferencia si su fobia es agorafobia, claustrofobia, acrofobia, necrofobia o cualquier otro miedo o fobia; el nombre de ese miedo es *Enam.* Empiece a pensar desde ahora mismo en su miedo indeseado como un *Enam.*

Aprenderá cómo destruir el *Enam* en la sesión de autohipnosis del texto de la cinta dos (capítulo siguiente).

Muchos factores juegan un papel en la creación de un *Enam.* Sus emociones lo dominan. El desequilibrio lo controla. Se valora muy poco. Ha reaccionado pobremente a situaciones estresantes. Ha permitido que su autoconfianza se debilite. Probablemente ha aprendido a vivir con su *Enam,* haciendo de su existencia un hábito.

La sesión de autohipnosis presentada en la cinta uno (este capítulo) trata de la relajación, del control del estrés, de obtener autoconfianza y de equilibrarse. La cinta dos (capítulo siguiente) es la sesión de autohipnosis que le permite destruir su *Enam* y establecer una buena autoimagen.

Puede utilizar una o las dos sesiones de autohipnosis con la frecuencia que desee. Recomiendo que escuche y siga las dos sesiones de hipnosis todos los días durante siete días consecutivos. Primero escuche la sesión uno y luego la sesión dos, cada día. Puede escuchar la sesión dos tan pronto como termine la sesión uno si lo desea, o dejar algún tiempo entre cada una —esto no es importante—. Puede encontrar más cómodo dejar una hora o más entre las sesiones de forma que pueda levantarse y moverse un poco y ejercitar un poco su cuerpo.

Después de una semana, alterne las sesiones durante los siguientes ocho días consecutivos. Es decir, haga la sesión uno un día, la sesión dos al día siguiente, y así sucesivamente.

Puede encontrar que ha destruido el *Enam* para ese entonces. Si es así, puede dejar de escuchar las sesiones si lo desea. Si el *Enam* empieza a mostrar su pequeña presencia ambiciosa de nuevo, empiece a utilizar las sesiones de autohipnosis otra vez hasta que compruebe que el *Enam* ha desaparecido.

En todo caso, utilice su propio juicio al decidir con qué frecuencia y cuándo utilizar las sesiones, ya que es usted quien está tratando directamente con el *Enam.* Estas sesiones le brindan el arsenal de armas para eliminar al *Enam.* ¡Así que hágalo!

Texto de la grabación para el control de fobias y el miedo (cinta uno)

Cierre los ojos, respire y exhale por completo hasta la base de sus pulmones. Repita este paso de nuevo. Relájese. Respire profundo una vez más y esta vez contenga su respiración cuando haya llenado sus pulmones con aire limpio, refrescante y relajante. Mantenga sus ojos cerrados. Ahora deje que su respiración salga lentamente y relájese por completo.

Ahora enfoque su atención en sus rodillas y relaje todo por debajo de ellas, relaje sus pantorrillas, relaje sus tobillos, relaje sus pies, relaje sus dedos. Todo por debajo de sus rodillas está ahora flojo y relajado. Ahora relaje sus muslos de forma tan completa como pueda. Deje que sus muslos se aflojen y descansen en la silla. Relaje sus caderas y cintura. Ahora relaje su pecho tanto como pueda. Permita que su respiración se suavice y sea profunda, regular y relajada. Relaje sus hombros ahora. Deje que los músculos de sus hombros se vuelvan pesados y flojos. Más y más relajados completamente. Relaje su cuello y su garganta. Deje que su cabeza se afloje a medida que todos los músculos de su cuello se relajan. Ahora relaje su cara tanto como pueda. Deje que se vuelva suave, floja, relajada y cómoda, sus mandíbulas flojas y relajadas, sus dientes no se tocan. Todo suave, suelto y cómodo. Ahora relaje al máximo todos los pequeños músculos alrededor de sus párpados. Sienta sus párpados que se tornan pesados y suaves. Más y más profundamente relajados.

Ahora quiero que imagine que todas sus tensiones, todos sus apuros y todos sus miedos y preocupaciones están desapareciendo gradualmente desde la cima de su cabeza. Déjelos escurrirse a través de su tara, hacia abajo por su cuello, a través de sus hombros, a través de su pecho, su cintura, sus caderas, sus muslos, bajando por sus rodillas, sus pantorrillas, sus tobillos, sus pies y afuera por sus dedos. Toda su tensión, todos sus apuros, todas sus preocupaciones y miedos están desapareciendo lentamente desde la punta de sus dedos y usted se está relajando cada vez más.

Vamos a hacer este ejercicio de relajación una vez más. Esta vez quiero que permita relajarse completamente más que la primera vez.

Enfoque otra vez su atención en sus rodillas y relaje todo por debajo de éstas. Relaje sus pantorrillas, sus tobillos, relaje sus pies y relaje sus dedos. Ahora relaje sus muslos completamente. Deje que sus muslos cuelguen sueltos y pesados en la silla. Relaje sus caderas y su cintura. Sienta fluir la relajación en su pecho ahora. Relaje los órganos vitales dentro de su pecho, su corazón, sus pulmones, dejando que su respiración se haga más intensa, más regular, más y más completamente relajada. Ahora relaje sus hombros todavía más. Sienta sus hombros pesados y sueltos. Más profundamente relajados. Relaje su cuello y su garganta. Relaje su cara aún más. Sienta su cara toda suave y suelta, completamente cómoda y relajada. Ahora relaje aún más los pequeños músculos alrededor de sus párpados. Sienta sus párpados pesados y suaves, cada vez más profundamente relajados.

Vamos a hacer este ejercicio de relajación una vez más. Esta vez quiero que se relaje completamente. No tenga miedo; siempre escucha mi voz, así que sólo elimine todas las barreras y sumérjase en una relajación perfecta.

Enfoque su atención de nuevo en sus rodillas y relaje todo por debajo de éstas. Relaje sus pantorrillas, sus tobillos, relaje sus pies y relaje sus dedos. Ahora relaje completamente sus muslos. Sienta la relajación profunda y pesada fluyendo ahora en sus caderas. Siéntala subir por su cintura, por su pecho, hacia sus hombros, pesados y sueltos, completamente relajados. Y ahora esta sensación pesada y relajada está yendo hacia su cuello y su garganta, sobre toda su cara. Su cara está toda suave y suelta, totalmente cómoda y relajada, y la pesada relajación está fluyendo en sus ojos y sus párpados ahora. Sus párpados están muy pesados y muy suaves. Más profundamente relajados.

Ahora quiero que imagine que está mirando un tablero. Y en el tablero hay un círculo. Coloque la letra X dentro del círculo. Ahora borre la X de dentro del círculo. Y ahora borre el círculo. Olvídese del tablero a medida que se va relajando cada vez más.

Ahora enfoque su atención en la punta de su nariz. Mantenga su atención suavemente enfocada en la punta de su nariz hasta que alcance un punto en el que toda su atención esté en mi voz. Cuando alcance este punto, puede olvidarse de su nariz y simplemente continúe escuchando mi voz y relajándose cada vez más y más profundamente. Y mientras mantiene su atención enfocada en la punta de su nariz, voy a llevarlo a través de cuatro niveles de relajación progresivamente más profundos.

Marcaré estos niveles con letras del alfabeto y cuando usted alcance el primer nivel, el nivel A, estará diez veces más profundamente relajado de lo que inclusive se encuentra ahora. Y luego desde el nivel A, bajaremos al nivel B y cuando alcance el nivel B, estará de nuevo diez veces más profundamente relajado de lo que estaba antes. Y desde el nivel B, bajaremos aún más, hacia el nivel C. Y cuando alcance el nivel C, estará nuevamente diez veces más profundamente relajado de lo que lo estaba antes. Y luego desde el nivel C, iremos hacia abajo al nivel más profundo de relajación, el nivel D. Y cuando alcance el nivel D, estará de nuevo diez veces más profundamente relajado que antes. Ahora está yendo en dirección hacia abajo, dos veces más profundo con cada respiración. Dos veces más profundo con cada respiración. Sus manos y sus dedos están muy relajados y pesados y se hacen cada vez más pesados. Sienta el peso aumentando en sus manos y en sus dedos. Pesados… más pesados… aún más pesados, hasta el punto que están tan pesados que sus manos y sus dedos parecen estar hechos de plomo. Y esta pesada sensación de relajación profunda está fluyendo ahora hacia arriba por sus antebrazos. Siéntala subiendo por sus brazos. Fluyendo a través de sus hombros, en su cuello, sobre su cara, sobre sus ojos. Fluyendo por sus cejas, su frente, sobre la cima de su cabeza. La pesada sensación de relajación profunda está fluyendo hacia abajo de la parte posterior de su cabeza y de su cuello. Ahora usted se está acercando al nivel A.

Ahora usted está en el nivel A y se está profundizando aún más. Cinco veces más profundo ahora con cada respiración que exhala. Cinco veces más profundo con cada respiración. Su mente está muy tranquila y pacífica. No está pensando en nada ahora. Muy relajado para pensar. Muy cómodo para pensar. Y esta pesada relajación en su mente está fluyendo en su cara y sus ojos. Está fluyendo hacia abajo a través de su cuello y en su pecho. Fluyendo hacia abajo por su cintura, a través de sus caderas, de sus muslos, de sus rodillas, de sus pantorrillas, de sus tobillos, de sus pies y de sus dedos. Ahora está llegando al nivel B.

Ahora está en el nivel B y aún se está haciendo más profundo. Flotando suave y gentilmente en una perfecta relajación. Sus brazos y piernas están tan relajados y pesados que los siente como troncos. Sus brazos y sus piernas están rígidos, insensibles y pesados… sencillamente inmóviles. Sus brazos y sus piernas están como tablas de madera. Ahora está alcanzando el nivel C.

Ahora está en el nivel C y dirigiéndose aún hacia abajo. Hundiéndose en la silla. Hundiéndose cada vez más en una profunda y perfecta relajación. Y a medida que continúa profundizándose, voy a contar hacia atrás de 15 hasta 1. Cada número que diga, lo hará sentirse aún más profundo y cuando llegue a 1, estará en el

nivel D. 15… 14… 13… 12… 11… 10… 9… 8… 7… 6… 5… 4…
3… 2… 1… 1… 1, tan profundo, tan soñoliento, tan pesado.

Ahora está en el nivel D y todavía avanzando hacia abajo.
Ahora no hay límite… sin límites. Continúe flotando, avanzando
más y más profundo en perfecta relajación, más profundo con
cada respiración.

A medida que se hace cada vez más profundo en una perfecta
relajación, le ofrezco las siguientes sugerencias para su beneficio.

Ahora se está relajando más, y continuará relajándose más
todos los días. Siempre estará relajado y calmado, sin importar lo
que esté sucediendo a su alrededor. Y cualquier cosa que suceda, la
puede manejar de una manera relajada, madura y sensata. Ahora
está aprendiendo a tener más y más el control de su propia vida.
Ya no dejará más que otras personas, eventos o miedos lo intimiden o le causen estrés. Usted tiene el control y le gusta que sea así.

Estará calmado, relajado, confiado y controlado a toda hora.
También tiene control sobre todas sus emociones.

Está aprendiendo a relajarse… a liberar toda la ansiedad y a
relajarse y a dejar que se vaya. Tiene el control de todos los aspectos de su vida ahora. Ya no permitirá que la ansiedad, la tensión
o la energía nerviosa lo detenga. Todos los días notará que está
más calmado y más controlado que nunca antes.

Todos los días notará que su actitud es más filosófica y libre
de serias preocupaciones acerca de los problemas diarios de la vida.

Ahora repita las siguientes sugerencias a sí mismo, a medida
que yo las digo:

«Estoy mejorando, mejorando y mejorando en todos los sentidos, todos los días».

«Siempre estaré relajado y calmado, sin importar lo que esté
sucediendo. Y cualquier cosa que suceda, la manejaré de una manera sensible y madura».

«Confío en que todas las cosas en mi vida se solucionarán bien para mí, y me siento bien conmigo mismo y con la dirección en que mi vida está yendo ahora».

«Nunca más seré un esclavo de los miedos de ninguna clase. Tengo el control de mi vida y esa es la forma en que quiero que sea».

Ahora respire profundo y relájese.

Imagínese a sí mismo sentado en una gran roca que aflora al lado del océano… note el rugido a medida que el mar penetra y golpea la roca debajo de usted… huela el aire salado a medida que el viento golpea contra su cara… note el contraste entre sus rocas y la playa.

Note las gaviotas arriba en el cielo… obsérvelas clavándose en el océano en busca de comida… escuche su parloteo cuando regresan hacia el cielo… note las otras aves a su alrededor… ellas muestran su aprecio por la vida en su suave vuelo y su alegre cantar.

Mire detrás de usted y note un camino en la playa… baje por ese camino hacia la playa… la suave senda parece indicar cuántas personas han bajado de la roca antes que usted… esas rocas sin edad parecen reafirmarle la belleza de la vida y cómo vivir en armonía con la naturaleza parece darle gracia a usted… las piedras y las rocas parecen conformar un ligero conjunto de escaleras naturales a mitad de camino hacia abajo… ahora de regreso al camino empinado… la arena se está calentando y es tan incitante… el tibio sol es muy agradable… quítese los zapatos y las medias. Déjelos aquí sobre la arena donde las pueda encontrar cuando regrese. Ahora termine descalzo su caminata a la playa… sienta la tibia arena agolparse entre sus dedos… sienta que la brisa lo calienta cuando se acerca a la playa… ahora está en la arena húmeda… sienta su fría firmeza bajo sus pies… note lo diferente que se siente esta arena comparada con la arena seca y tibia en la que estaba hace algunos momentos… mire la majestuosa extensión del océano enfrente suyo. Éste se extiende tan lejos como usted puede ver. Una suave ola llega a la orilla y pasa por sus pies. Sienta cómo lo hala cuando regresa al océano. Este océano es el mar infinito de la vida y de la conciencia sin fin. Camine dentro del agua una corta distancia hasta donde el agua le llegue a las rodillas. Este mar, del cual usted hace parte, contiene todo el poder que necesitará. Sienta el poder proveniente del lecho del océano hacia sus pies y sus piernas, trayendo consigo amor y entusiasmo por la vida. Trayendo consigo valor y fe. Quédese allí y permita que este invaluable regalo del mar llene todo su cuerpo. Subiendo por sus piernas. En el tronco de su cuerpo. Fluyendo en su cuello y en su cabeza. Está lleno de conciencia y de vida proveniente del mar. Se siente vibrante de amor por la vida y por todo. Una poderosa paz se posa sobre usted. El valor ha llenado cada faceta de su ser. Usted sabe que puede manejar cualquier cosa de manera sensible y beneficiosa. No le teme a nada en absoluto. No tiene miedo, y eso es así. Una fe tremenda corre hacia usted. No hay espacio para la duda y usted no tiene dudas. Ha recibido fe, valor, poder y entusiasmo por la vida, de esta infinita fuente de bondad. Ahora camine de regreso a la playa hasta el punto donde una ola ocasional pasó mojando sus tobillos. Inclínese y escriba este mensaje en la arena húmeda con su dedo, «Yo amo». Ahora, bajo su mensaje de «Yo amo», escriba los nombres de aquellas personas especiales a quienes desea enviarles amor. Asegúrese de incluir su propio nombre. Dejaré de hablar mientras escribe los nombres.

Haga una pausa de 60 segundos

Si todavía no ha escrito su propio nombre, hágalo ahora rápidamente. Ahora una ola del mar de la conciencia lava su mensaje y pasa por sus tobillos. La ola retrocede, dejando limpia la playa. Su mensaje de amor ha sido llevado dentro del mar de la conciencia universal donde se ha hecho realidad. Inclínese y escriba en la arena una vez más. Esta vez escriba «Yo perdono», seguido primero de su propio nombre y luego de los nombres de todos aquellos que cree que lo han ofendido de alguna forma. Ahora le daré tiempo para que lo haga.

Haga una pausa de 60 segundos

Ahora, al final de su lista, escriba estas palabras: «y todos los demas». Ahora otra ola del mar de la conciencia infinita pasa lavando su mensaje y sus tobillos. Cuando la ola retrocede al mar, se lleva con ella su mensaje de amor, el cual ahora se ha hecho realidad. Ahora se ha purificado de toda culpa, censura y hostilidad. Ha llenado su vida con amor, valor, fe y entusiasmo. Está en equilibrio y en armonía con todo. Ahora está listo para servir con integridad y con éxito.

Ahora póngase de pie y enfrente el mar de la vida una vez más. Gire su cabeza hacia la derecha y mire la playa… esa es la dirección del pasado. Hay una puerta abierta a poca distancia de usted en esa dirección. Ahora gire su cabeza hacia su izquierda y mire la playa en esa dirección… esa es la dirección del futuro. Hay una puerta cerrada a corta distancia de usted en esa dirección.

Ahora mire hacia el mar de la vida y de la conciencia. La brisa del océano le trae el conocimiento de lo que debe hacer ahora… debe cerrar la puerta del pasado y abrir la puerta hacia el futuro. Así que gire hacia la derecha ahora y camine hacia la puerta abierta del pasado. La puerta tiene un gran aviso que dice *El Pasado*. Hay una llave colgando de una puntilla en el umbral de la puerta. Coja la llave. Eche una breve mirada a través de la puerta abierta… puede ver todos los errores, la aflicción y las energías perdidas que alguna vez fueron parte de su vida. Ahora hale la puerta firmemente, ciérrela y asegúrela con la llave. Ahora dese la vuelta y tire la llave lejos al océano para que nunca sea recuperada. Ha cerrado y asegurado la puerta a todos los aspectos negativos de su pasado. Nunca más necesitará mirar a través de esa puerta. Lo que ocurrió detrás de esa puerta ha terminado para siempre. No es usted en este momento. Si alguna vez decide pasar la puerta hacia su pasado para regresar a experiencias de la vida pasada, podrá hacerlo sin ningún problema. Lo que acaba de hacer al cerrar con llave la puerta hacia el pasado es evitar que todos los aspectos negativos del pasado invadan su presente e influencien su vida actual de forma negativa.

Ahora dese vuelta y camine por la playa hacia la puerta cerrada del futuro… a medida que se acerca a la puerta, divisa un aviso en la puerta que dice *El Futuro*. Hay una llave dorada colgando en el umbral de la puerta. Tome la llave y abra la puerta. Ábrala toda y mire hacia adentro. Puede verse a sí mismo, tal como realmente quiere ser, así como se está convirtiendo ahora. Puede ver luz y brillo. Puede ver éxito y armonía. Tómese unos pocos momentos para echar un breve vistazo a su futuro.

Haga una pausa de 10 segundos

Ahora ha abierto la puerta hacia su futuro… hacia una nueva esperanza… hacia un nuevo logro y entendimiento… hacia un nuevo usted. Siéntase bien con usted mismo.

Ahora camine de regreso a donde dejó sus zapatos y sus medias. Recoja esa concha marina que ve tirada sobre la arena delante suyo, póngala en su oído y escuche su mensaje.

Haga una pausa de 5 segundos

Ahora voltee y mire el mar una vez más y diga «Adiós»… es hora de regresar a ponerse los zapatos y las medias… suba de regreso las escaleras de la vida… hacia la cima de la roca. Ha sacado el amor y la excitación de la vida del mar y ahora la tiene dentro de sí... Agradezca especialmente a aquellas personas que han estado a su lado a medida que su mar se pierde de vista.

Acaba de experimentar un estado de conciencia alterado que lo equilibra mental y espiritualmente. Se le ha dado esta valiosa herramienta para enriquecer su vida. Utilícela todos los días para diseñar su vida de la forma que quiere que ésta sea. En este momento está haciendo un compromiso consigo mismo, un compromiso para que se mantenga libre de todo negativismo de ahora en adelante y para hacer de su vida una experiencia positiva, feliz y de realización que esté completamente libre de miedo. La elección de hacerlo o no hacerlo es suya porque ahora tiene el control. Y sea lo que sea que escoja hacer, lo puede hacer. Cualquier cosa que tenga en mente puede lograrlo y lo logrará. Será completamente exitoso y disfrutará de sus triunfos. Estará completamente libre de miedo. Disfrutará el hecho de ser cada vez más la persona positiva y valiosa que realmente quiere ser todos los días.

Ahora respire profundo y profundícese.

Cada vez que escuche esta grabación, lo hará sentir maravilloso y se relajará completamente. Estará más profundo de lo que está ahora, y las sugerencias se profundizarán cada vez más en su mente. Al escuchar esta grabación todos los días, logrará un perfecto control sobre su vida. Puede hacer desaparecer cualquier miedo. Puede hacer desaparecer cualquier tensión. Puede hacer desaparecer cualquier sensación de insuficiencia. Su desempeño mejorará y continuará sintiéndose bien cada día. Usted es una persona inteligente y valiosa. Y todos los días de ahora en adelante se convertirá más plenamente en la persona que en realidad quiere ser. Estará confiado, relajado, sereno, encantador, optimista y firme en su resolución de hacer lo que quiere por su propia felicidad. Estará completamente libre de miedo sin duda alguna.

La próxima vez que escuche mi voz en esta cinta, se relajará diez veces más profundamente de lo que está ahora. Y las sugerencias que le he dado, continuarán profundizándose más y más en su mente.

Dentro de pocos momentos, cuando se despierte, se sentirá muy relajado y estará completamente reanimado, vivo, alerta, lleno de energía, lleno de confianza. Se sentirá simplemente maravilloso. Todo lo que tiene que hacer al despertar, es contar conmigo de uno hasta cinco y a la cuenta de cinco, abrir sus ojos, sentirse relajado, reanimado, alerta y muy eufórico. Sintiéndose muy bien, en realidad. 1... 2... 3... 4... 5.

10

Control de las fobias y el miedo (cinta dos)

Si todavía no ha leído el capítulo anterior, «Control de las fobias y el miedo (cinta uno)», por favor hágalo ahora, antes de continuar ya que aquél contiene información requerida previamente.

Este capítulo (cinta dos) trata acerca de su miedo específico de forma que pueda liberarse de él de ahora en adelante.

Tome un lápiz y papel y escriba el miedo específico que desea eliminar. No necesita describir todos los aspectos del miedo, sólo identifíquelo. Por ejemplo: miedo a las alturas, agorafobia, miedo a los gatos, miedo a la oscuridad, miedo de estar solo, o cualquiera que sea la correcta identificación de su miedo.

Tenga el papel a su alcance, ya que necesitará abrir sus ojos brevemente y leerlo durante esta sesión de autohipnosis.

Durante esta sesión se le pedirá que haga una acción física. Se le indicará que extienda una de sus manos con la palma hacia arriba y que señale esa palma con el dedo índice de su otra mano, mientras hace chasquear los dedos de la mano con la que está señalando. Debe hacerlo físicamente ya que no es suficiente imaginarlo solamente.

Este grabación programará esta acción física en su mente como un método para destruir su miedo. Este es un método muy importante y su eficacia ha sido comprobada. La idea es que siempre que sienta que su miedo comienza a atacar, lo debe «colocar» en la palma de una mano mientras señala con un dedo y chasquea sus dedos con la otra. Cada chasquido reduce el miedo en un cincuenta por ciento. Con chasquidos repetidos, puede hacerlo desaparecer en su totalidad.

Algunas personas no pueden hacer chasquear sus dedos. Si ese es su caso, entonces debe decir la palabra «eliminado» en voz alta en lugar de chasquear sus dedos. Los detalles de cómo hacerlo se darán de forma breve en la sesión de hipnosis. Lo importante es que debe hacerlo. Si está en medio de una multitud y su miedo empieza a atacar, debe colocarlo inmediatamente en su mano, señalar y chasquear o señalar y decir «eliminado» en voz alta.

No debe preocuparse por «lo que la gente pueda pensar». Si no se compromete a hacer este ejercicio en cualquier momento y en cualquier lugar, entonces no está dispuesto para liberarse de su miedo.

De ahora en adelante, me voy a referir a su miedo como *Enam*, así como se discutió en el capítulo anterior.

Ahora advierta a su mente que va a reducir su *Enam* con su dedo señalando y chasqueando (o diciendo en voz alta «eliminado»), cada vez que el *Enam* aparezca.

Para alguien que tenga una limitación física que no le permita utilizar una mano, coloque el miedo en la mano que tiene habilitada y diga «eliminado» en voz alta, mientras mira fijamente la palma de la mano. Si no puede utilizar ninguna de las dos manos, coloque el miedo en su regazo, mírelo fijamente y diga «eliminado». En otras palabras, si tiene una limitación física, use su imaginación creativa, de forma tal que funcione con su limitación.

Si no tiene ninguna limitación física, entonces debe seguir este texto tal y como se le ha dado, sin excepciones y sin pasar por alto las acciones físicas necesarias que exige el texto.

Texto de la grabación para el control de las fobias y el miedo (cinta dos)

Cierre los ojos, respire y exhale por completo hasta la base de sus pulmones. Repita este paso de nuevo. Relájese. Respire profundo una vez más y esta vez contenga su respiración cuando haya llenado sus pulmones con aire limpio, refrescante y relajante. Mantenga sus ojos cerrados. Ahora deje que su respiración salga lentamente y relájese por completo.

Ahora quiero que imagine que todas sus tensiones, todos sus apuros y todos sus miedos y preocupaciones se acumulan en la parte superior de su cabeza. Deje que todo aquello que lo molesta se resbale sobre su cara, hacia su cuello, sus hombros, a través de su pecho, su cintura, sus caderas, sus muslos, abajo hacia sus rodillas, sus pantorrillas, sus tobillos y hacia afuera de los dedos de sus pies. Toda su tensión, todos sus apuros, todas sus preocupaciones y miedos están saliendo desde las puntas de los dedos de sus pies y se está relajando más cada vez.

Ahora enfoque su atención en los dedos de sus pies y deje que se relajen completamente. Cada dedo está suelto y pesado. Deje que esta relajación fluya dentro de sus pies, dentro de sus tobillos, de sus pantorrillas, de sus rodillas. Siéntala fluir dentro de sus muslos, en sus caderas, dentro de su cintura, fluyendo hacia arriba en su pecho. Sienta su respiración más ligera y más profunda, más regular y más relajada. Ahora deje que una sensación profunda y relajada entre en sus hombros, baje hacia sus brazos, dentro de sus antebrazos, sus manos y sus dedos y fluya de regreso hacia sus antebrazos, sus brazos y sus hombros. Ahora fluye en su cuello, sobre su cara, su mentón y sus mejillas; incluso sus orejas están relajadas. Siéntala fluir en sus ojos y sus párpados. Sus párpados están muy pesados y suaves. El flujo continúa arriba hacia sus cejas, sobre su frente, sobre la parte superior de su cabeza, bajando hacia la parte posterior de su cabeza y de su cuello.

Ahora, una nueva pesadez está comenzando en los dedos de sus pies, dos veces más pesada que la primera vez. Imagínese un gran peso en cada dedo. Sienta la pesadez profunda y aún más relajada. Esta sensación profunda y pesada sube desde sus pies hacia sus tobillos, sus pantorrillas, sus rodillas, sus muslos, su cadera y su cintura, Fluye ahora en su pecho, relajando su corazón, relajando sus pulmones, permitiendo que su respiración sea más intensa, más regular, y cada vez más relajada. Ahora la sensación profunda y pesada está fluyendo en sus hombros, bajando por sus brazos, sus antebrazos, en sus manos y sus dedos. Ahora está fluyendo de regreso a sus antebrazos, sus brazos, sus hombros y hacia su cuello. Ahora fluye sobre su cara, en sus ojos, sobre sus cejas, sobre su frente, sobre la cima de su cabeza, bajando por la parte posterior hasta el cuello.

Y ahora está empezando una nueva pesadez en la parte superior de su cabeza, dos veces más pesada que antes. Dos veces más pesada. Imagínese un gran peso en toda la parte superior de la cabeza, suave, relajado y pesado. Sienta la relajación pesada fluyendo hacia abajo en su cara y sus ojos ahora, hacia abajo en su cuello, sus hombros, fluyendo hacia su pecho, su cintura, sus caderas, sus muslos, sus rodillas, en sus pantorrillas, sus tobillos, sus pies y sus dedos. Profundamente relajado, suelto, flexible y cómodo desde la parte superior de la cabeza hasta la punta de sus dedos.

Quiero que ahora se imagine que está mirando a un tablero negro. Imagínese un círculo en el tablero. Vamos a colocar dentro del círculo las letras del alfabeto en orden invertido.

Después de que las coloque en el círculo, las borrará del círculo y se relajará cada vez más profundamente.

Imagínese el tablero ahora. Imagínese el círculo. Ponga la letra Z dentro del círculo. Ahora borre la Z de dentro del círculo y profundícese más. Ponga la Y en el círculo, bórrela y profundícese más. La X, bórrela y profundícese aún más. La W y bórrela. La V y bórrela. La U y bórrela. La T y bórrela. La S y bórrela. La R y bórrela. La Q y bórrela. La P y bórrela. La O y bórrela. La N y bórrela. La M y bórrela. La L y bórrela. La K y bórrela. La J y bórrela. La I y bórrela. La H y bórrela. La G y bórrela. La F y bórrela. La E y bórrela. La D y bórrela. La C y bórrela. La B y bórrela. La A y bórrela. Ahora borre el círculo y olvídese del tablero. Continúe relajándose más y más profundamente. Sienta hundirse en la silla; la mente y el cuerpo se dirigen más y más hacia la relajación profunda con cada respiración.

A medida que inhala, imagínese que está respirando anestesia inodora, limpia y pura. Ahora la anestesia está fluyendo a través de todo su cuerpo. Es una sensación agradable y cálida; mientras más inhala, más se profundiza en su respiración, logrando un estado tranquilo, relajante y pacífico. De ahora en adelante y hasta el fin de esta sesión, se relajará más y más completamente cada vez que respire.

Ahora quiero que se imagine que está mirando el cielo azul y claro del verano. En el cielo hay un avión que está escribiendo su nombre en letras blancas y sedosas como las nubes. Ahora deje que su nombre se disuelva. Deje que el viento haga desaparecer su nombre en el cielo azul. Olvídese de su nombre. Olvídese inclusive de que tiene un nombre. Los nombres no son importantes. Sólo continúe escuchando mi voz y relájese más profundamente.

Quiero que imagine ahora que está parado en el escalón más alto de una escalera de madera. Sienta la alfombra bajo sus pies. La alfombra puede ser del color que desee... imagínesela. Ahora, extienda su mano y toque el pasamanos. Sienta la madera suave y pulida del pasamanos bajo su mano. Usted está parado a diez escalones del piso de abajo. En un momento bajaremos las escaleras. Con cada escalón descendido podrá relajarse aún más profundamente. Cuando alcance el piso inferior, estará más profundo de lo que ha estado antes. Ahora baje hacia el noveno escalón, suave y fácilmente. Siéntase cada vez más profundo. Ahora baje hacia el octavo, aún más profundo. Ahora baje al séptimo… sexto… quinto… cuarto… tercero… segundo… primer escalón.

Ahora está parado en el piso de abajo. Hay una puerta enfrente de usted; acérquese y ábrala. Desde su interior sale a chorros un torrente de luz. Ahora está dentro de esta habitación, mire a su alrededor. Esta es su habitación y esta puede ser lo que usted quiera que sea; de cualquier tamaño, de cualquier forma, de cualquier color. Puede tener lo que quiera en este cuarto. Puede agregar, quitar o acomodar cosas. Puede tener cualquier tipo de muebles, artículos, pinturas, ventanas, alfombras o cualquier cosa que quiera, ya que este es su lugar… su lugar propio y privado y usted es libre aquí. Libre para crear, libre para ser quien es. Libre para hacer lo que desee y la luz que brilla en esta habitación es su luz. Sienta toda la luz a su alrededor, brillando sobre las cosas bonitas que se encuentran allí. Brillando sobre usted; sienta la energía de la luz.

Ahora deje que la luz fluya sobre su cuerpo; penetrando cada poro de su piel, llenándolo completamente, apartando toda duda, expulsando todo miedo y tensión. Usted está lleno de la luz. Está limpio y radiante, resplandeciendo con la luz brillante de su habitación.

Mientras está parado a la luz de su habitación, quiero que abra sus ojos y que lea la palabra que identifica su miedo y que ha escrito en su papel. Cuando abra sus ojos, no va a despertar. No despertará. Dejaré de hablar durante quince segundos mientras lee el miedo que ha identificado en su papel. Ahora abra sus ojos y lea su papel.

Haga una pausa de 15 segundos

Ahora cierre sus ojos. Respire profundo y profundícese. Ahora ha identificado su miedo en su mente. Ahora vamos a darle un nombre al miedo que escribió en su papel. Vamos a nombrar ese miedo como *Enam*. Repita lo siguiente a sí mismo, a medida que yo lo digo: «Le he dado a mi miedo el nombre de *Enam*. *Enam* es una entidad ambiciosa de la que quiero deshacerme por completo, y ahora intento deshacerme del *Enam*».

Haga una pausa de 2 segundos

Ahora quiero que se imagine cómo es su *Enam*. Dele al *Enam* una apariencia específica, tal vez de ojos verdes brillantes y pequeños, o una mirada furtiva en su cara, o lo que sea. Ahora dejaré de hablar durante un minuto, mientras que crea la imagen de su *Enam*.

Haga una pausa de 60 segundos

Ahora sabe exactamente cómo es el *Enam*. Ahora extienda físicamente una de sus manos con la palma hacia arriba y coloque al *Enam* en su mano. Mantenga los ojos cerrados. Vea lo insignificante, débil e inofensivo que es el *Enam* aquí en la luz brillante de su habitación. Puede sostener al *Enam* fácilmente en su mano.

Tome ahora su otra mano y señale con su dedo al *Enam*.

Dentro de un momento voy a pedirle que haga chasquear físicamente sus dedos y que mire al *Enam* reducirse al cincuenta por ciento de su tamaño. Si no puede chasquear sus dedos cuando yo diga «chasquee», puede decir «eliminado» en voz alta.

¿Está listo ahora? Chasquee sus dedos una vez y observe cómo el *Enam* se reduce al cincuenta por ciento de su tamaño.

Chasquee otra vez y observe cómo el *Enam* se reduce otro cincuenta por ciento.

Haga una pausa de 3 segundos

Chasquee de nuevo. El *Enam* se reduce otro cincuenta por ciento.

Haga una pausa de 3 segundos

Ahora voy a dejar de hablar durante treinta segundos, mientras usted continúa chasqueando los dedos, hasta que el *Enam* se reduzca tanto, que desaparezca. Empiece a chasquear ahora.

Haga una pausa de 30 segundos

Muy bien. Cuando el *Enam* se pierda de vista, puede triturarlo en su mano, tirarlo en una cesta de la basura o tirarlo al suelo y pisarlo, si lo desea, como una destrucción final de la plaga ambiciosa.

Ahora hay un hecho establecido. Cada vez que el *Enam* haga su conocida aparición, todo lo que tiene que hacer para deshacerse de él es abrir físicamente la palma de su mano, poner el *Enam* en ella, ya sea viéndolo o visualizándolo allí o tomándolo y colocándolo en su palma, y después señalarlo físicamente con su dedo índice y hacer chasquear sus dedos repetidamente, hasta que el *Enam* desaparezca. El *Enam* se reducirá un cincuenta por ciento cada vez que usted señale y chasquee. También puede decir «eliminado» en voz alta en lugar de chasquear sus dedos.

En el futuro, donde quiera que esté y haciendo lo que sea, puede destruir el *Enam* con el método que acaba de practicar y que ha programado en su mente. No necesita cerrar sus ojos para hacerlo a menos que lo desee. En el momento en que coloque el *Enam* en su mano y empiece a señalarlo y a chasquear, su mente automáticamente se modificará para destruir efectivamente al *Enam*, y esto es así. Sin embargo, debe extender su palma físicamente, colocar al *Enam* en ella y físicamente señalar, hacer chasquear sus dedos o decir «eliminado» en voz alta en lugar de chasquear.

Ahora está equipado con un método poderoso y efectivo para destruir al *Enam*. Todo lo que queda ahora es que lo aplique hasta que se deshaga del *Enam*.

Ahora respire profundo y relájese.

Mientras está parado a la luz de su habitación, quiero que construya una imagen. Una imagen de sí mismo como realmente quiere ser; no como otra persona que quiera ser, sino como realmente quiere ser usted mismo. Mire su imagen parada enfrente suyo a la luz. Mire la callada apariencia de confianza en la cara de su imagen. Note lo calmada y libre que es su imagen. Dejaré de hablar ahora durante 60 segundos mientras le da a su imagen todas las cualidades y atributos que desea que tenga.

Haga una pausa de 60 segundos

Visualice ahora su imagen, haciendo aquellas cosas que el *Enam* lo ha privado de hacer en el pasado. Su imagen está disfrutando al hacer esas cosas y está feliz a causa de esta nueva libertad. Dentro de un momento dejaré de hablar durante un minuto, mientras visualiza su imagen haciendo esas cosas de las que el *Enam* lo privaba. Si el *Enam* aparece, haga que su imagen lo destruya utilizando el método que acaba de aprender. Hágalo ahora. Tiene un minuto.

Haga una pausa de 60 segundos

Note ahora el aspecto de triunfo y de confianza en la cara de su imagen. Este es el verdadero usted. Camine acercándose a su imagen ahora. Camine más cerca. Ahora entre a su imagen. Mézclela dentro de su propio cuerpo. Lo mejor de usted es una parte viviente de usted ahora, más fuerte cada día.

De ahora en adelante, todos los días será más y más la persona que realmente quiere ser. Estará relajado y calmado. Y no importa lo que esté sucediendo a su alrededor, puede manejarlo de una manera sensible y relajada. Y se sentirá muy bien. Tendrá toda la energía que pueda usar cada día. Y será muy fácil para usted permanecer en completo control de todos los aspectos de su vida. Encontrará muy fácil disipar todos los miedos, ansiedades, dudas y problemas. Encontrará muy rápido y fácil destruir y deshacerse del *Enam*. Está en total control de su vida, y esto es así.

Ahora eche una mirada final alrededor de su habitación. Puede regresar aquí cada vez que lo desee. Puede venir aquí para cualquier propósito que desee… para orar… para consultar con la mente superior… para establecer objetivos… para meditar… para crear… para aprender… para resolver problemas… para mejorar su imagen. Lo que puede hacer en su habitación no tiene límites. Sin límites.

Acaba de experimentar el uso del estado alterado de conciencia para profundizar dentro de sí mismo hacia un lugar creativo, poderoso y privado, que puede utilizar para propósitos prácticos y espirituales. Se le ha dado esta valiosa herramienta para que la utilice para enriquecer su vida. Utilícela todos los días y diseñe su vida de la manera que quiere que ésta sea. La decisión de hacerlo o no hacerlo es solamente suya. Puesto que ahora tiene el control. Y sea lo que sea que decida hacer, lo puede hacer. Cualquier cosa con que programe su mente para que la logre, puede hacerlo y lo logrará. Usted será completamente exitoso y disfrutará de sus triunfos. Y disfrutará convirtiéndose en la persona que realmente quiere ser, más y más todos los días.

La próxima vez que escuche mi voz en la grabación, se relajará diez veces más profundamente de lo que lo está ahora. Y las sugestiones que le dé entonces, penetrarán diez veces más profundamente en su mente.

Dentro de pocos momentos, cuando se despierte, se sentirá muy, muy relajado y se sentirá completamente reanimado, vivo, alerta, lleno de energía y lleno de autoconfianza.

Se sentirá simplemente maravilloso. Todo lo que tiene que hacer para despertarse es contar mentalmente conmigo de uno a cinco y a la cuenta de cinco despertará sintiéndose relajado, reanimado, alerta y muy eufórico. Sintiéndose muy bien realmente. 1... 2... 3... 4... 5.

Chasquee los dedos.

Ojos abiertos, bien despierto y sintiéndose bien, sintiéndose mejor que antes, ¡y esto es así!

11

Control del insomnio

Esta grabación le ayudará a librarse del insomnio y a tener una noche de sueño agradable, relajante y pacífica.

Cuando su mente es indisciplinada, se rehúsa a relajarse e impide que su cuerpo se relaje. Como resultado, es muy difícil, inclusive imposible a veces, dormir.

La solución es entrenar su mente para que haga lo que usted quiere, cuando lo quiera, en lo que refiere al sueño.

Esta grabación, a través de la autohipnosis, le entrena su mente para que pueda dormir cuando lo desee.

Cada noche cuando vaya a la cama, escuche la grabación y siga las instrucciones. Entre más la escuche, menos tiempo le tomará quedarse dormido. Llegará el momento en que no necesitará escuchar la cinta, ya que habrá entrenado de manera exitosa su mente para responder al sueño cuando lo desee.

La grabación lo puede hacer dormir la primera vez que la utilice. O le puede tomar más tiempo. Todo depende de usted y de qué tan profundamente arraigado esté su insomnio. Si persiste en el ejercicio todas las noches, conquistará su insomnio.

No se preocupe por apagar el pasacintas. Simplemente quédese dormido. Las instrucciones de la grabación continuarán profundizándose dentro de su mente subconsciente, incluso después de que se quede dormido. De esta manera, continúa beneficiándose de la grabación aunque su mente consciente esté profundamente dormida.

Texto de la grabación para controlar el insomnio

Cierre sus ojos y respire profundo. Permítase a sí mismo relajarse.

Ahora quiero que se imagine que está mirando el cielo azul y claro del verano. En el cielo hay un avión que está escribiendo su nombre en letras blancas y sedosas como las nubes. Ahora deje que su nombre se disuelva. Deje que el viento haga desaparecer su nombre en el cielo azul. Olvídese de su nombre. Olvídese inclusive de que tiene un nombre. Los nombres no son importantes. Sólo continúe escuchando mi voz y relájese más profundo en dirección hacia un sueño relajante y tranquilo.

Ahora enfoque su atención en sus rodillas y relaje todo por debajo de ellas, relaje sus pantorrillas, relaje sus tobillos, relaje sus pies, relaje sus dedos. Todo por debajo de sus rodillas está ahora flojo y relajado. Ahora relaje sus muslos de forma tan completa como pueda. Deje que sus muslos se aflojen y descansen en la silla. Relaje sus caderas y cintura. Ahora relaje su pecho tanto como pueda. Permita que su respiración se suavice y sea profunda, regular y relajada. Relaje sus hombros ahora. Deje que los músculos de sus hombros se vuelvan pesados y flojos. Más y más relajados completamente. Relaje su cuello y su garganta. Deje que su cabeza se afloje a medida que todos los músculos de su cuello se relajan. Ahora relaje su cara tanto como pueda. Deje que se vuelva suave, floja, relajada y cómoda, sus mandíbulas flojas y relajadas, sus dientes no se tocan. Todo suave, suelto y cómodo. Ahora relaje al máximo todos los pequeños músculos alrededor de sus párpados. Sienta que sus párpados se tornan pesados y suaves. Más y más profundamente relajados.

Ahora quiero que imagine que todas sus tensiones, todos sus apuros y todos sus miedos y preocupaciones están desapareciendo gradualmente desde la cima de su cabeza. Déjelos escurrirse a través de su cara, hacia abajo por su cuello, a través de sus hombros, a través de su pecho, su cintura, sus caderas, sus muslos, bajando por sus rodillas, sus pantorrillas, sus tobillos, sus pies y afuera por sus dedos. Toda su tensión, todos sus apuros, todas sus preocupaciones y miedos están desapareciendo lentamente desde la punta de sus dedos y usted se está relajando cada vez más.

Vamos a hacer este ejercicio de relajación una vez más. Esta vez quiero que permita relajarse completamente más que la primera vez.

Enfoque otra vez su atención en sus rodillas y relaje todo por debajo de éstas. Relaje sus pantorrillas, sus tobillos, relaje sus pies y relaje sus dedos. Ahora relaje sus muslos completamente. Deje que sus muslos cuelguen sueltos y pesados en la silla. Relaje sus caderas y su cintura. Sienta fluir la relajación en su pecho ahora. Relaje los órganos vitales dentro de su pecho, su corazón, sus pulmones, dejando que su respiración se haga más intensa, más regular, más y más completamente relajada. Ahora relaje sus hombros todavía más. Sienta sus hombros pesados y sueltos. Más profundamente relajados. Relaje su cuello y su garganta. Relaje su cara aún más. Sienta su cara toda suave y suelta, completamente cómoda y relajada. Ahora relaje aún más los pequeños músculos alrededor de sus párpados. Sienta sus párpados pesados y suaves, cada vez más profundamente relajados.

Vamos a hacer este ejercicio de relajación una vez más. Esta vez quiero que se relaje completamente. No tenga miedo; siempre escucha mi voz, así que sólo elimine todas las barreras y sumérjase en una relajación y en un sueño perfecto.

Enfoque su atención de nuevo en sus rodillas y relaje todo por debajo de estas. Relaje sus pantorrillas, sus tobillos, relaje sus pies y relaje sus dedos. Ahora relaje completamente sus muslos. Sienta la relajación profunda y pesada fluyendo ahora en sus caderas. Siéntala subir por su cintura, por su pecho, hacia sus hombros, pesados y sueltos, completamente relajados. Y ahora esta sensación pesada y relajada está yendo hacia su cuello y su garganta, sobre toda su cara. Su cara está toda suave y suelta, totalmente cómoda y relajada, y la pesada relajación está fluyendo en sus ojos y sus párpados ahora. Sus párpados están muy pesados y muy suaves. Más profundamente relajados.

Cada músculo de su cuerpo está relajado y soñoliento. Todas las células de su cuerpo están profundamente relajadas y quieren irse a dormir. Su mente consciente está relajada y con sueño. El suave velo del sueño tranquilo envuelve ahora todo su cuerpo, y usted se rinde ante el sueño. Sienta la somnolencia. Siéntase usted mismo yéndose a dormir. Vaya a dormir. Duerma. Duerma. Duerma.

Quiero que ahora se imagine que está mirando a un tablero negro. Imagínese un círculo en el tablero. Vamos a colocar dentro del círculo las letras del alfabeto en orden invertido. Después de que las coloque en el círculo, las borrará del círculo y se relajará cada vez más profundamente.

Imagínese el tablero ahora. Imagínese el círculo. Ponga la letra Z dentro del círculo. Borre la Z de dentro del círculo y profundícese más. Ponga la Y en el círculo, bórrela y profundícese más. La X, bórrela y profundícese aún más. La W y bórrela. La V y bórrela. La U y bórrela. La T y bórrela. La S y bórrela. La R y bórrela. La Q y bórrela. La P y bórrela. La O y bórrela. La N y bórrela. La M y bórrela. La L y bórrela. La K y bórrela. La J y bórrela. La I y bórrela. La H y bórrela. La G y bórrela. La F y bórrela. La E y bórrela. La D y bórrela. La C y bórrela. La B y bórrela. La A y bórrela. Ahora borre el círculo y olvídese del tablero. Continúe relajándose más y más profundamente. Sienta cómo se hunde en un profundo sueño, la mente y el cuerpo se dirigen más y más hacia la relajación profunda con cada respiración.

Quiero que se imagine ahora, que estoy colocando en cada una de sus rodillas una pesada bolsa de arena. Sienta la arena presionando sus rodillas. Sus rodillas se están haciendo más pesadas y más relajadas. En la arena hay un ingrediente insensibilizador muy poderoso que hace que llegue el sueño a todas las partes del cuerpo. La insensibilidad está fluyendo hacia sus rodillas. Sus rodillas se hacen más y más insensibles y soñolientas bajo la arena. Y la sensación de sueño, insensible y pesada, está fluyendo hacia sus pantorrillas, en sus tobillos, en sus pies y en sus dedos. Todo por debajo de sus rodillas está más y más insensible y soñoliento por la arena. Y ahora la sensación de sueño, insensible y pesada está fluyendo hacia arriba en sus muslos, fluyendo en sus caderas, a través de su cintura y en su pecho. Esta fluye en sus hombros y se hacen insensibles, pesados y soñolientos. Fluye hacia sus brazos, sus antebrazos, en sus manos y sus dedos. Fluye de regreso ahora a través de sus antebrazos, de sus brazos, de sus hombros y en su cuello. Sobre su cara, sus ojos. Fluyendo hacia sus cejas, su frente, sobre la cima de su cabeza, baja a la parte posterior de su cabeza y de su cuello.

Todo su cuerpo está ahora pesado, insensible y soñoliento. Vaya a dormir. Duerma. Duerma.

A medida que inhala en su respiración, imagine que está aspirando anestesia pura, limpia y sin olor. La anestesia está fluyendo ahora a través de todo su cuerpo. Es una sensación cálida y agradable y entre más la aspira, más quiere aspirar, y deja que su respiración sea aún más profunda ahora, tomando más y más de esta sensación pacífica, relajante y tranquila. De ahora en adelante y hasta el final de esta sesión, se relajará cada vez más completamente con cada respiración que tome. Vaya a dormir. Duerma. Duerma.

A medida que va hacia una relajación y un sueño más y más profundos, simplemente escuche mi voz y lo conduciré al sueño nocturno más tranquilo que haya experimentado alguna vez, y esto es así.

Voy a llevarlo a través de cuatro niveles de relajación progresivamente más profundos y al más tranquilo y profundo sueño de todos.

Marcaré estos niveles con letras del alfabeto y cuando usted alcance el primer nivel, el nivel A, estará diez veces más profundamente relajado y soñoliento de lo que inclusive se encuentra ahora. Y entonces desde el nivel A, bajaremos al nivel B y cuando alcance el nivel B, estará nuevamente diez veces más profundamente relajado y soñoliento de lo que estaba antes. Y desde el nivel B, bajaremos aún más, hacia el nivel C. Y cuando alcance el nivel C, estará nuevamente diez veces más profundamente relajado y soñoliento de lo que estaba antes. Y luego desde el nivel C, iremos hacia abajo al nivel más profundo de relajación, el nivel D. Y cuando alcance el nivel D, estará de nuevo diez veces más profundamente relajado y soñoliento que antes. Ahora está yendo en dirección hacia abajo, dos veces más profundo con cada respiración. Sus manos y sus dedos están muy relajados y pesados y se hacen cada vez más pesados. Sienta el peso aumentando en sus manos y en sus dedos. Pesados… más pesados… aún más pesados, hasta el punto que están tan pesados que sus manos y sus dedos parecen estar hechos de plomo. Y esta pesada sensación de relajación profunda está fluyendo ahora hacia arriba por sus antebrazos. Siéntala subiendo por sus brazos. Fluyendo a través de sus hombros, en su cuello, sobre su cara, sobre sus ojos. Fluyendo por sus cejas, su frente, sobre la cima de su cabeza. La pesada sensación de relajación profunda está fluyendo hacia abajo de la parte posterior de su cabeza y de su cuello. Ahora usted se está acercando al nivel A.

Ahora usted está en el nivel A y se está profundizando aún más. Cinco veces más profundo ahora con cada respiración que exhala. Cinco veces más profundo con cada respiración. Su mente está muy tranquila y pacífica. No está pensando en nada ahora. Muy relajado para pensar. Muy cómodo para pensar. Y esta pesada relajación en su mente está fluyendo en su cara y sus ojos. Está fluyendo hacia abajo a través de su cuello y en su pecho. Fluyendo hacia abajo por su cintura, a través de sus caderas, de sus muslos, de sus rodillas, de sus pantorrillas, de sus tobillos, de sus pies y de sus dedos. Ahora está llegando al nivel B.

Ahora está en el nivel B y aún se está dirigiendo más profundamente en el sueño. Flotando suave y gentilmente en un perfecto sueño. Sus brazos y sus piernas están tan relajados y pesados, que los siente como troncos. Sus brazos y sus piernas están rígidos, insensibles y pesados… simplemente inmóviles. Sus brazos y sus piernas están como tablas de madera. Ahora está alcanzando el nivel C.

Ahora está en el nivel C y está yendo todavía hacia un sueño más profundo. Hundiéndose en la cama. Hundiéndose cada vez más profundamente en una perfecta relajación y en un perfecto sueño. Y a medida que va más profundo, voy a contar en orden invertido, del 15 al 1. Cada número que diga, lo hará sentirse aún más profundo y cuando llegue a 1, estará en el nivel D. 15, más profundo, 14, aún más profundo, 13… 12… 11… 10… 9… 8… 7… 6… 5… 4… 3… 2… 1… 1… 1, tan profundo, tan soñoliento, tan pesado.

Ahora está en el nivel D y todavía avanzando hacia un sueño más y más profundo. Ahora no hay límite… sin límite. Continúe flotando, avanzando más y más profundo en perfecta relajación, más profundo con cada respiración.

A medida que se hace cada vez más profundo en un perfecto sueño, le ofrezco las siguientes sugerencias para su beneficio.

Los estados de relajación profunda son muy benéficos para su salud mental y física.

Ahora está entrenando a su mente consciente para que se relaje y se duerma siempre que usted desee ir a dormir. Su mente consciente está respondiendo perfectamente, quedándose quieta, mientras usted avanza rápidamente hacia un sueño saludable, relajante y tranquilo.

Está aprendiendo a relajarse… a liberar toda la ansiedad y a relajarse y a dejarla ir. Debido a que tiene el control de todos los aspectos de su vida ahora. Ya no va a permitir que la ansiedad, la tensión o la energía nerviosa le estorbe.

Todos los días notará que se relaja más.

Notará que se vuelve más calmado y más controlado que nunca antes.

Notará todos los días que su actitud tendrá una mejor perspectiva, libre de serias preocupaciones sobre los problemas de la vida diaria.

Esta grabación está entrenando su mente y su cuerpo para que pueda dormirse con facilidad, hasta llegar al punto en que no tenga que escuchar la cinta; no hay duda al respecto.

La próxima vez que escuche mi voz en la grabación, se relajará diez veces más profundamente de lo que lo está ahora. Y las sugerencias que escuchará, penetrarán diez veces más profundas en su mente.

Esta noche experimentará una noche de sueño relajante y tranquila, como el sueño profundo de un bebé recién nacido. Y cuando despierte por la mañana, estará completamente reanimado física, mental y emocionalmente. Estará lleno de energía y de entusiasmo. Cada vez que escuche esta grabación, se relajará diez veces más profundamente que antes y se dormirá más rápido y más profundamente cada vez. Su mente entiende ahora que, cuando se retire por la noche, usted desea dormirse rápida y profundamente. Su mente cooperará relajándolo por completo de inmediato.

Ahora relájese y avance hacia un sueño pacífico y tranquilo. A medida que avance más profundo en el sueño, contaré hacia atrás desde 99. Cada número que diga, lo hará relajarse aún más mental, física y emocionalmente. Cada número que yo diga lo llevará a un nivel de sueño más profundo.

Sólo relájese y deje que los números lo lleven en un sueño profundo.

99, duerma. 98, duerma. 97, duerma. 96, duerma. 95, duerma. (Continúe esta cuenta regresiva hasta que llegue a 1 o hasta que llegue al final de la cinta, lo que ocurra primero).

12

Éxito en el trabajo

Esta grabación lo llevará a un estado de conciencia alterado que le permitirá aceptar sugestiones hipnóticas, las cuales le pueden asegurar el éxito en su trabajo, en sus relaciones laborales y en el comportamiento general de su desempeño en la ocupación que haya escogido. Las sugerencias serán programadas en varios niveles de su mente para obtener resultados rápidos y efectivos.

Esta grabación no lo obliga a realizar algo que realmente no quiera hacer. Si usted desea establecer una carrera exitosa, productiva, placentera y satisfactoria, esta grabación le puede ayudar a llevar a cabo sus propósitos.

Puede utilizar esta grabación con la frecuencia que desee. Probablemente sea una buena idea usarla por lo menos una vez al día hasta que esté satisfecho con su situación laboral y la dirección que está tomando. Luego, si lo desea, puede reducir la frecuencia de su uso.

La grabación puede ser utilizada individualmente sin alterar sus beneficios. Sin embargo, podría utilizarla también junto con la grabación de «Estableciendo objetivos y fuerza de voluntad» (vea el capítulo siguiente).

Si utiliza ambas grabaciones, es recomendable su uso alternado.

Para la grabación «Estableciendo objetivos y fuerza de voluntad», puede escribir y programar su objetivo de la siguiente manera: *Quiero desempeñar todas mis funciones laborales y mis relaciones interpersonales con una integridad y un entusiasmo tales que asegure mi éxito financiero y alcance el máximo nivel de autosatisfacción que deseo.* O utilice los términos que se adapten a sus deseos.

Texto de la grabación para el éxito en el trabajo

Cierre los ojos, respire y exhale por completo hasta la base de sus pulmones. Repita este paso de nuevo. Relájese. Respire profundo una vez más y esta vez contenga su respiración cuando haya llenado sus pulmones con aire limpio, refrescante y relajante. Mantenga sus ojos cerrados. Ahora deje que su respiración salga lentamente y relájese por completo.

Ahora quiero que imagine que todas sus tensiones, todos sus apuros y todos sus miedos y preocupaciones se acumulan en la parte superior de su cabeza. Deje que todo aquello que lo molesta se resbale sobre su cara, hacia su cuello, sus hombros, a través de su pecho, su cintura, sus caderas, sus muslos, abajo hacia sus rodillas, sus pantorrillas, sus tobillos y hacia afuera de los dedos de sus pies. Toda su tensión, todos sus apuros, todas sus preocupaciones y miedos están saliendo desde las puntas de los dedos de sus pies y se está relajando más cada vez.

Ahora enfoque su atención en los dedos de sus pies y deje que se relajen completamente. Cada dedo está suelto y pesado. Deje que esta relajación fluya dentro de sus pies, dentro de sus tobillos, de sus pantorrillas, de sus rodillas. Siéntala fluir dentro de sus muslos, en sus caderas, dentro de su cintura, fluyendo hacia arriba en su pecho. Sienta su respiración más ligera y más profunda, más regular y más relajada. Ahora deje que una sensación profunda y relajada entre en sus hombros, baje hacia sus brazos, dentro de sus antebrazos, sus manos y sus dedos y fluya de regreso hacia sus antebrazos, sus brazos y sus hombros. Ahora fluye en su cuello, sobre su cara, su mentón y sus mejillas; incluso sus orejas están relajadas. Siéntala fluir en sus ojos y sus párpados. Sus párpados están muy pesados y suaves. El flujo continúa arriba hacia sus cejas, sobre su frente, sobre la parte superior de su cabeza, bajando hacia la parte posterior de su cabeza y de su cuello.

Ahora, una nueva pesadez está comenzando en los dedos de sus pies. Dos veces más pesada que la primera vez. Imagínese un gran peso en cada dedo. Sienta la pesadez profunda y aún más relajada. Esta sensación profunda y pesada sube desde sus pies hacia sus tobillos, sus pantorrillas, sus rodillas, sus muslos, su cadera y su cintura. Fluye ahora en su pecho, relajando su corazón, relajando sus pulmones, permitiendo que su respiración sea más intensa, más regular, y cada vez más relajada. Ahora la sensación profunda y pesada está fluyendo en sus hombros, bajando por sus brazos, sus antebrazos, en sus manos y sus dedos. Ahora está fluyendo de regreso a sus antebrazos, sus brazos, sus hombros y hacia su cuello. Ahora fluye sobre su cara, en sus ojos, sobre sus cejas, sobre su frente, sobre la cima de su cabeza, bajando por la parte posterior hasta el cuello, está profundamente relajado, suelto, flexible y cómodo desde la parte superior de la cabeza hasta la punta de sus dedos.

Quiero que ahora se imagine que está mirando a un tablero negro. Imagínese un círculo en el tablero. Vamos a colocar dentro del círculo las letras del alfabeto en orden invertido. Después de que las coloque en el círculo, las borrará del círculo y se relajará cada vez más profundamente.

Imagínese el tablero ahora. Imagínese el círculo. Ponga la letra Z dentro del círculo. Ahora borre la Z de dentro del círculo y profundícese más. Ponga la Y en el círculo, bórrela y profundícese más. La X, bórrela y profundícese aún más. La W y bórrela. La V y bórrela. La U y bórrela. La T y bórrela. La S y bórrela. La R y bórrela. La Q y bórrela. La P y bórrela. La O y bórrela. La N y bórrela. La M y bórrela. La L y bórrela. La K y bórrela. La J y bórrela. La I y bórrela. La H y bórrela. La G y bórrela. La F y bórrela. La E y bórrela. La D y bórrela. La C y bórrela. La B y bórrela. La A y bórrela. Ahora borre el círculo y olvídese del tablero. Continúe relajándose más y más profundamente. Sienta hundirse en la silla; la mente y el cuerpo se dirigen más y más hacia la relajación profunda con cada respiración.

A medida que continúa flotando, divagando suave y gentilmente, cada vez más profundamente relajado con cada respiración, le ofrezco las siguientes sugerencias para su beneficio.

Sentirá un intenso interés en su trabajo y sentirá un tremendo impulso para desarrollar lo mejor de su capacidad.

Manejará todas las situaciones en el trabajo de una manera muy relajada, calmada y sensible, libre de tensión.

Proveerá un servicio honesto y sincero a sus clientes y a su empleador, sabiendo que como resultado obtendrá sus retribuciones.

Notará todos los días que su actitud se está haciendo más filosófica y libre de preocupaciones serias acerca de los problemas diarios de la vida.

Ahora repita conmigo las siguientes sugerencias a sí mismo, a medida que yo las digo.

«Todos los días, en todos los sentidos, estoy mejorando, mejorando y mejorando».

«Estoy comprometido con las sugerencias que acabo de recibir».

«Sé que el éxito es mío».

Ahora respire profundo y relájese aún más.

Ahora voy a contar desde 15 hasta 1. Cada número que yo diga lo profundizará más y cuando llegue a 1, estará en un nivel de la mente mucho más profundo. 15, siéntase más profundo. 14, aún más profundo. 13, más y más profundo. 12… 11… 10… 9… 8… 7… 6… 5… 4… 3… 2… 1.

Ahora está en un nivel de la mente muy profundo y está avanzando aún más profundo con cada respiración que toma.

Respire profundo y profundícese aún más.

A medida que avanza a niveles de la mente más profundos, le ofrezco las siguientes sugerencias para su beneficio.

Durante su jornada laboral se sentirá relajado y calmado. Sin importar lo que suceda, manejará todas las situaciones de una manera relajada, calmada y sensible, libre de tensión.

Tratará a todos sus compañeros de trabajo con respeto y con cordialidad, sabiendo que a cambio recibirá respeto y cordialidad.

Usted es una persona de éxito y disfruta de sus triunfos. Parte de su éxito es su capacidad para manejar su tiempo eficientemente. Planifica su tiempo y sus proyectos, y ejecuta su plan prontamente sin preocuparse.

En sus horas de trabajo, siente un poder de concentración poderoso e intenso. Trabajará muy, muy rápido con una tremenda cantidad de energía.

Ahora respire profundo y profundícese.

Repítase a sí mismo y junto conmigo, las siguientes sugerencias, a medida que yo las digo.

«Todos los días, en todos los sentidos, estoy mejorando, mejorando y mejorando».

«Estoy comprometido de todo corazón con todas las sugerencias que acabo de recibir».

Ahora voy a contar de 10 hasta 1. Visualice mentalmente cada número, a medida que lo digo, y cuando llegue a 1, estará en un nivel de mente aún más profundo de aquel en el que está ahora.

10… 9… 8… 7… 6… 5… 4… 3… 2… 1. Ahora está en un nivel de la mente aún más profundo. A medida que continúa avanzando cada vez más profundo con cada respiración, le ofrezco las siguientes sugerencias para su beneficio.

Tomará decisiones fácilmente en el trabajo y sentirá una gran confianza en sus decisiones.

Es capaz y eficiente y su mente creativa sabe lo que usted puede hacer.

Su mente creativa encontrará una forma para conducirlo a las circunstancias y a las situaciones correctas para sacar el mejor provecho de sus capacidades.

Desea fervientemente obtener una plena recompensa por sus valiosos esfuerzos, pero no desea ganarla a expensas de los demás. Desea un éxito total para sí mismo, sin perjudicar a nadie.

Ahora repita conmigo las siguientes sugerencias a sí mismo a medida que yo las digo.

«Estoy totalmente comprometido con todas las sugerencias que recibo en esta grabación».

«Estoy totalmente comprometido a tratar a mi empleador, a mis compañeros de trabajo y a mis clientes con dignidad, respeto, afecto, cordialidad e integridad».

«Estoy comprometido con mi éxito total y a disfrutar completamente de mis triunfos. Le permitiré a mi mente creativa que me guíe hacia ese éxito».

«Deseo mi éxito sin perjudicar a nadie y con beneficio para todos, y así será».

Ahora respire profundo y relájese aún más.

Quiero que se imagine a sí mismo ahora. Mírese como quiere ser realmente, el usted real: vivo y enérgico, en pleno control, calmado y confiado y con éxito total en el trabajo que ha escogido. Ese es usted. Este es el real usted. Esta es la persona que puede llegar a ser realmente. En este momento usted se está prometiendo a sí mismo… un compromiso para convertirse en el real usted. Este compromiso será con usted, más fuerte todos los días. De ahora en adelante, todos los días se convertirá más y más completamente en la persona que realmente quiere ser. Estará relajado y calmado, sin importar lo que esté sucediendo a su alrededor. Y cualquier cosa que suceda, la puede manejar de una manera relajada y sensible. Y se sentirá muy bien. Tendrá toda la energía que necesita cada día. Y será muy fácil para usted alcanzar el éxito, la autorrealización y la felicidad que desea y que se merece. Usted es un producto de sus propios patrones de pensamiento. Piense en éxito y usted será un éxito. Piense en belleza y se convertirá en una persona hermosa. Piense en fortaleza y se volverá fuerte.

Piense positiva y constructivamente y su vida se convierte en una experiencia positiva y constructiva. Esta es su nueva imagen… el nuevo usted… más fuerte cada día.

Ahora está aprendiendo a estar en total control de todos los aspectos de su vida. Siempre estará relajado y calmado.

Usted es su propia persona y tiene el control.

Dentro de un momento, voy a contar regresivamente de 10 a 1.

Quiero que cuente conmigo, silenciosamente para sí mismo. Piense en cada número a medida que yo los digo y deje que cada número lo lleve más profundo. 10… 9… 8… 7… 6… 5… 4… 3… 2… 1. Ahora está muy profundamente relajado. Puede darse a sí mismo las siguientes sugerencias. Diga las palabras conmigo a sí mismo a medida que yo las digo.

«Siempre estaré relajado y calmado, sin importar lo que esté sucediendo. Y cualquier cosa que pase, puedo manejarla de una manera sensible y madura».

«Pienso solamente en el presente y en el futuro».

«Tengo una actitud optimista y positiva acerca de la vida y de mi trabajo».

«Amo la vida y mi trabajo».

«Tengo una nueva perspectiva libre de preocupaciones serias acerca de los problemas diarios de la vida, debido a que puedo manejar cualquier cosa que suceda de una forma benéfica».

«Tengo un tremendo e intenso poder de concentración en mi trabajo».

«Me siento optimista de que todas las cosas de mi vida se resolverán para mí y me siento bien acerca de mí mismo y de la dirección en la que mi vida se está dirigiendo».

Ahora respire profundo y relájese aún más.

Cada vez que escuche esta grabación, lo hará sentirse maravilloso. Cada vez que escuche esta grabación, se relajará completamente y las sugerencias se profundizarán cada vez más en su mente. Utilizando esta grabación fielmente todos los días, tendrá control perfecto sobre el éxito de su vida y de su trabajo. Puede eliminar cualquier miedo. Puede eliminar cualquier tensión. Puede eliminar cualquier sensación de insuficiencia. Se mantendrá haciendo las cosas cada vez mejor, y se mantendrá sintiéndose bien cada día. Usted es una persona inteligente y valiosa. Y todos los días de ahora en adelante se convertirá en la persona que realmente desea ser. Estará confiado, relajado, sereno, encantador, optimista y firme en su resolución de hacer lo que desee por su propia felicidad.

La próxima vez que escuche mi voz en la grabación, se profundizará aún más de lo que lo está ahora, y las sugerencias que le he dado estarán cada vez más profundas en su mente.

Dentro de unos pocos momentos, cuando se despierte, se sentirá muy, muy relajado, y estará completamente reanimado, vivo, alerta, lleno de energía, lleno de confianza. Se sentirá maravilloso. Todo lo que tiene que hacer para despertar es contar conmigo de uno hasta cinco y a la cuenta de cinco, abrir sus ojos, sentirse relajado, reanimado, alerta y muy eufórico. Sintiéndose muy bien realmente. 1... 2... 3... 4... 5.

13

Estableciendo objetivos
y fuerza de voluntad

Utilice esta grabación con frecuencia —bien sea sola o junto con una de las otras cintas—. Si la utiliza junto con otra grabación, programe el objetivo específico de la otra grabación y luego alterne su uso. Por ejemplo, si utiliza esta grabación, «Estableciendo objetivos y fuerza de voluntad», junto con la grabación de «Control de peso y dieta», alterne su uso.

Para la dieta, puede crear un objetivo apropiado en esta grabación, tal como: *Quiero tener la fuerza de voluntad para permanecer estrictamente en la dieta que he establecido para mí mismo, y quiero perder mi peso excesivo de forma que nunca más vuelva a tener sobrepeso.* O para dejar de fumar, puede plantear lo siguiente: *Quiero dejar de utilizar totalmente el tabaco en todas sus formas y convertirme en un no fumador.* Puede utilizar esta grabación junto con cualquiera otra y así fortalecerá su programa.

Utilizar la grabación individualmente también le traerá resultados positivos.

La grabación también fortalece su fuerza de voluntad para lograr cualquier deseo —sonreír con más frecuencia, mejorar su desempeño en el trabajo, crear amistades, eliminar la timidez; obtener un trabajo nuevo o mejor, ganar más dinero; leer o estudiar más efectivamente—. Las posibilidades no tienen fin.

He aquí cómo usar esta grabación. Primero escriba un solo objetivo en un pedazo de papel y téngalo cerca de usted para utilizarlo durante la sesión de hipnosis. Puede tener dos objetivos en el papel si estos están íntimamente relacionados el uno con el otro.

Si tiene muchos objetivos, le recomiendo que los maneje por separado en sesiones de hipnosis individuales separadas por lapsos de tiempo de por lo menos una hora. No hay límites para la cantidad de objetivos que usted puede tener y programar; simplemente manéjelos por separado. Si lo hace, encontrará que obtiene resultados mucho más efectivos. Cuando haya logrado experiencia, podrá agrupar los objetivos en una sola sesión. Pero para los principiantes, haga uno —dos a lo sumo— en una sola sesión.

Escuche esta grabación con la frecuencia que desee. Debe utilizarla al menos una vez a la semana para cada objetivo, hasta que logre ese objetivo.

En un punto de este procedimiento de autohipnosis, se le pedirá que abra los ojos y que lea el objetivo que ha escrito en el papel. Habrá una pausa de dos minutos mientras que lo hace. Si termina de leerlo antes de que se reanude la conversación, simplemente lea de nuevo el objetivo. Continúe leyéndolo hasta que la grabación le indique que cierre los ojos.

Si por alguna razón no puede escribir o leer sus objetivos, entonces cuando la grabación le indique que abra sus ojos y que lea, sólo mantenga sus ojos cerrados y repita mentalmente sus objetivos una y otra vez hasta que la grabación reanude la conversación.

Texto de la grabación para establecer objetivos y fuerza de voluntad

Cierre los ojos, respire y exhale por completo hasta la base de sus pulmones. Repita este paso de nuevo. Relájese. Respire profundo una vez más y esta vez contenga su respiración cuando haya llenado sus pulmones con aire limpio, refrescante y relajante. Mantenga sus ojos cerrados. Ahora deje que su respiración salga lentamente y relájese por completo.

Ahora quiero que imagine que todas sus tensiones, todos sus apuros y todos sus miedos y preocupaciones se acumulan en la parte superior de su cabeza. Deje que todo aquello que lo molesta se resbale sobre su cara, hacia su cuello, sus hombros, a través de su pecho, su cintura, sus caderas, sus muslos, abajo hacia sus rodillas, sus pantorrillas, sus tobillos y hacia afuera de los dedos de sus pies. Toda su tensión, todos sus apuros, todas sus preocupaciones y miedos están saliendo desde las puntas de los dedos de sus pies y se está relajando más cada vez.

Ahora enfoque su atención en los dedos de sus pies y deje que se relajen completamente. Cada dedo está suelto y pesado. Deje que esta relajación fluya dentro de sus pies, dentro de sus tobillos, de sus pantorrillas, de sus rodillas. Siéntala fluir dentro de sus muslos, en sus caderas, dentro de su cintura, fluyendo hacia arriba en su pecho. Sienta su respiración más ligera y más profunda, más regular y más relajada. Ahora deje que una sensación profunda y relajada entre en sus hombros, baje hacia sus brazos, dentro de sus antebrazos, sus manos y sus dedos y fluya de regreso hacia sus antebrazos, sus brazos y sus hombros. Ahora fluye en su cuello, sobre su cara, su mentón y sus mejillas; incluso sus orejas están relajadas. Siéntala fluir en sus ojos y sus párpados. Sus párpados están muy pesados y suaves. El flujo continúa arriba hacia sus cejas, sobre su frente, sobre la parte superior de su cabeza, bajando hacia la parte posterior de su cabeza y de su cuello.

Ahora, una nueva pesadez está comenzando en los dedos de sus pies, dos veces más pesada que la primera vez. Imagínese un gran peso en cada dedo. Sienta la pesadez profunda y aún más relajada. Esta sensación profunda y pesada sube desde sus pies hacia sus tobillos, sus pantorrillas, sus rodillas, sus muslos, su cadera y su cintura. Fluye ahora en su pecho, relajando su corazón, relajando sus pulmones, permitiendo que su respiración sea más intensa, más regular, y cada vez más relajada. Ahora la sensación profunda y pesada está fluyendo en sus hombros, bajando por sus brazos, sus antebrazos, en sus manos y sus dedos. Ahora está fluyendo de regreso a sus antebrazos, sus brazos, sus hombros y hacia su cuello. Ahora fluye sobre su cara, en sus ojos, sobre sus cejas, sobre su frente, sobre la cima de su cabeza, bajando por la parte posterior hasta el cuello.

Y ahora está empezando una nueva pesadez en la parte superior de su cabeza, dos veces más pesada que antes, dos veces más pesada. Imagínese un gran peso en toda la parte superior de la cabeza, suave, relajado y pesado. Sienta la relajación pesada fluyendo hacia abajo en su cara y sus ojos ahora, hacia abajo en su cuello, sus hombros, fluyendo hacia su pecho, su cintura, sus caderas, sus muslos, sus rodillas, en sus pantorrillas, sus tobillos, sus pies y sus dedos. Profundamente relajado, suelto, flexible y cómodo desde la parte superior de la cabeza hasta la punta de sus dedos.

Quiero que ahora se imagine que está mirando a un tablero negro. Imagínese un círculo en el tablero. Vamos a colocar dentro del círculo las letras del alfabeto en orden invertido. Después de que las coloque en el círculo, las borrará del círculo y se relajará cada vez más profundamente.

Imagínese el tablero ahora. Imagínese el círculo. Ponga la letra Z dentro del círculo. Ahora borre la Z de dentro del círculo y profundícese más. Ponga la Y en el círculo, bórrela y profundícese más. La X, bórrela y profundícese aún más. La W y bórrela. La V y bórrela. La U y bórrela. La T y bórrela. La S y bórrela. La R y bórrela. La Q y bórrela. La P y bórrela. La O y bórrela. La N y bórrela. La M y bórrela. La L y bórrela. La K y bórrela. La J y bórrela. La I y bórrela. La H y bórrela. La G y bórrela. La F y bórrela. La E y bórrela. La D y bórrela. La C y bórrela. La B y bórrela. La A y bórrela. Ahora borre el círculo y olvídese del tablero. Continúe relajándose más y más profundamente. Sienta hundirse en la silla; la mente y el cuerpo se dirigen más y más hacia la relajación profunda con cada respiración.

A medida que inhala, imagínese que está respirando anestesia inodora, limpia y pura. Ahora la anestesia está fluyendo a través de todo su cuerpo. Es una sensación agradable y cálida; mientras más inhala, más se profundiza en su respiración, logrando un estado tranquilo, relajante y pacífico. De ahora en adelante y hasta el fin de esta sesión, se relajará más y más completamente cada vez que respire.

Quiero que imagine ahora que está parado en el escalón más alto de una escalera de madera. Sienta la alfombra bajo sus pies. La alfombra puede ser del color que desee… imagínesela. Ahora, extienda su mano y toque el pasamanos. Sienta la madera suave y pulida del pasamanos bajo su mano. Usted está parado a diez escalones del piso de abajo. En un momento bajaremos las escaleras. Con cada escalón descendido podrá relajarse aún más profundamente. Cuando alcance el piso inferior, estará más profundo de lo que ha estado antes. Ahora baje hacia el noveno escalón, suave y fácilmente. Siéntase cada vez más profundo. Ahora baje hacia el octavo, aún más profundo. Ahora baje al séptimo… sexto… quinto… cuarto… tercero… segundo… primer escalón.

Ahora está parado en el piso de abajo. Hay una puerta enfrente de usted; acérquese y ábrala. Desde su interior sale a chorros un torrente de luz. Ahora está dentro de esta habitación, mire a su alrededor. Esta es su habitación y ésta puede ser lo que usted quiera que sea; de cualquier tamaño, de cualquier forma, de cualquier color. Puede tener lo que quiera en este cuarto. Puede agregar, quitar o acomodar cosas. Puede tener cualquier tipo de muebles, artículos, pinturas, ventanas, alfombras o cualquier cosa que quiera, ya que este es su lugar… su lugar propio y privado y usted es libre aquí, libre para crear, libre para ser quien es, libre para hacer lo que desee. La luz que brilla en esta habitación es su luz. Sienta toda la luz a su alrededor, brillando sobre las cosas bonitas que se encuentran allí, brillando sobre usted; sienta la energía de la luz. Ahora deje que la luz fluya sobre su cuerpo; penetrando cada poro de su piel, llenándolo completamente, apartando toda duda, expulsando todo miedo y tensión. Usted está lleno de la luz. Está limpio y radiante, resplandeciendo con la luz brillante de su habitación.

Mientras está parado a la luz de su habitación, quiero que programe el objetivo personal que tiene en mente o que ha escrito en un papel antes de que empezara esta sesión.

Dentro de unos pocos momentos, le pediré que abra sus ojos y que lea el objetivo que ha escrito en su papel. Cuando abra sus ojos no va a despertar. No despertará. Entonces dejaré de hablar durante dos minutos mientras lee y se concentra en su objetivo. Ahora abra sus ojos y lea su objetivo.

Haga una pausa de 120 segundos

Ahora cierre sus ojos. Respire profundo y profundícese. Su objetivo está yendo cada vez más profundo en su mente con cada respiración que usted toma.

Quiero que imagine ahora… que visualice su objetivo. Véase a sí mismo con su objetivo ya alcanzado. Deje que su imaginación dibuje el éxito de su objetivo. Dejaré de hablar ahora durante un minuto, mientras lo hace.

Haga una pausa de 60 segundos

Ahora respire profundo y profundícese.

Su objetivo ahora es una realidad en un nivel mental y espiritual. Ahora es cuestión de tiempo, de persistencia, de paciencia, de práctica y de perseverancia, hasta que su objetivo se haga realidad en el mundo físico.

Ahora voy a contar de diez hasta uno. Visualice y diga mentalmente los números conmigo a medida que los digo. Deje que cada número lo lleve más profundo.

10, siéntase más profundo, 9 aún más profundo, 8... 7... 6... 5... 4... 3... 2... 1. Ahora está en un nivel de la mente profundo. Ahora puede darse a sí mismo las siguientes sugerencias. Repítalas a sí mismo, a medida que yo las digo.

«Todos los días mi fuerza de voluntad se hace más y más fuerte».

«Estoy determinado a alcanzar mis objetivos y a vivir mi vida de la forma que yo quiero».

«No permitiré que otras personas u otras situaciones conduzcan mi vida».

«Tengo el control de mi vida, y esa es la forma en que quiero que sea».

«No caeré en tentaciones que sé que son contrarias a lo que yo quiero».

«Permaneceré firme en todas mis resoluciones».

«No caeré en algo en lo que no quiera o no necesite».

«Soy una persona buena, valiosa y con mucha fuerza de voluntad y me gusta ser quien soy. Y todos los días me vuelvo mejor y más fuerte en todos los sentidos».

Ahora respire profundo y relájese aún más.

Cada vez que escuche esta grabación, quedará diez veces más profundamente relajado que antes, y las sugerencias que reciba en esta grabación serán más fuertes y penetrarán más profundo en su mente todo el tiempo. Debido a que tiene el control ahora. Cualquier cosa que elija hacer, puede hacerla. Cualquier cosa en la que fije su mente para alcanzar, puede y lo alcanzará. Será completamente exitoso y disfrutará de sus triunfos. Y disfrutará el hecho de tener más y más fuerza de voluntad todos los días y disfrutará al experimentar la realización de sus objetivos.

Ahora respire profundo y relájese.

Dentro de pocos momentos cuando se despierte, se sentirá muy relajado y estará completamente reanimado, vivo, alerta, lleno de energía, lleno de confianza. Se sentirá maravilloso. Todo lo que tiene que hacer para despertar es contar conmigo de uno hasta cinco y a la cuenta de cinco, abrir sus ojos, sentirse relajado, reanimado, alerta, muy eufórico. Sintiéndose realmente muy bien. 1... 2... 3... 4... 5.

14

Visualización creativa

Esta grabación es diferente. Aquí se entrenará su mente para lograr visualizar en forma efectiva. La visualización es esencial para obtener resultados rápidos y profundos de la autohipnosis y la práctica psíquica. Aunque no lo había mencionado antes en este libro, la autohipnosis es una forma muy efectiva de iniciar el desarrollo de su capacidad psíquica innata. De hecho, algunos de los procedimientos lo llevan dentro de este campo y lo capacitan para llevar a cabo algunas funciones psíquicas básicas tal como la telepatía. Las grabaciones del amor son ejemplos de lo anterior; lo que su mente puede imaginar, lo puede lograr más fácilmente.

En esta grabación aprenderá a ver en colores, a visualizar formas, a crear escenas, a crear objetos específicos y a cambiar las cosas.

Muchas personas no están acostumbradas a la visualización. Ésta es una habilidad aprendida. Por lo tanto, no se desanime si no es capaz de visualizar perfectamente cuando empiece por primera vez. Si sus imágenes mentales no se materializan o son confusas, utilice su imaginación; pretenda que las imágenes, los colores y las formas están allí y continúe escuchando la grabación. Eventualmente empezará a desarrollar colores, formas e imágenes como quiera. Para algunas personas, la visualización llega instantáneamente. Para otras, requiere mucho tiempo y una gran persistencia. Recuerde que está entrenando su mente y ésta algunas veces puede actuar como un niño rebelde. Con un niño rebelde, debe repetir, repetir y repetir hasta que obtiene la respuesta deseada. Con su mente sucede lo mismo.

Puede escuchar esta grabación con la frecuencia que lo desee. Es bueno practicar.

Texto de la grabación para la visualización creativa

Estire su brazo derecho y su pierna izquierda y relájese. Ahora estire su brazo izquierdo y su pierna derecha y relájese. Ahora estire ambos brazos y ambas piernas... y relájese. Afloje sus brazos y sus piernas en una posición descansada y cómoda y cierre sus ojos.

Para tomar una respiración «de globo», inhale por su nariz y vea un globo viniendo hacia usted. Para exhalar una respiración de globo, exhale por su boca y sople el globo hacia afuera. Y cuando llegue a su lugar favorito, recuerde estar muy tranquilo y callado.

Ahora vea ante usted un globo rojo. Tome una respiración de globo por su nariz; vea el globo rojo venir hacia usted. Ahora exhale el globo rojo, soplando hacia afuera con su boca.

Vea ante usted un globo anaranjado. Tome una respiración de globo por su nariz; vea el globo anaranjado venir hacia usted. Ahora exhale el globo anaranjado, soplando hacia afuera con su boca.

Vea un globo amarillo. Tome una respiración de globo y vea el globo amarillo venir hacia usted. Ahora quite el globo amarillo, soplándolo.

Vea un globo verde. Tome una respiración de globo y vea el globo verde venir hacia usted. Ahora quite el globo verde, soplándolo.

Vea un globo azul. Tome una respiración de globo y vea el globo azul venir hacia usted. Ahora quite el globo azul, soplándolo.

Ahora inhale y vea el número 10. Contenga la respiración y vea el 9. Exhale y vea el 8. Inhale y vea el 7. Contenga la respiración y vea el 6. Exhale y vea el 5. Inhale y vea el 4. Contenga la respiración y vea el 3. Exhale y vea el 2.

Ahora vea el número 1 atado a un globo púrpura. Mantenga agarrado el 1 y sóplese a sí mismo a su lugar favorito. Su lugar favorito puede ser cualquier lugar que quiera. Este puede tener cualquier cosa que usted quiera, ya que es su lugar, su propio lugar. Dejaré de hablar durante 30 segundos mientras se sopla a sí mismo a su lugar favorito. Cree y vea su lugar favorito.

Haga una pausa de 30 segundos

Tome una respiración de globo y se sentirá magnífico. Se relajará más en su lugar favorito. Cuando quiera recordar algo, tome una respiración de globo y vea la respuesta tras sus ojos. Para tener control de sí mismo, tome una respiración de globo. Hará cualquier cosa que crea que puede hacer. Dese a sí mismo un abrazo con su codo por ser una persona especial. Ahora envíe un abrazo mental a alguien especial.

Haga una pausa de 3 segundos

Ahora está aprendiendo cómo visualizar de forma tal que pueda ser más efectivo al utilizar su mente para cualquier propósito deseado.

Ahora es tiempo de salir de su lugar favorito y de ir a una silla especial donde practicará más visualización. Para salir ahora, tome una respiración de globo por su nariz. Vea un globo blanco con sus rayas favoritas en él. Manténgase en el globo blanco a rayas y sople hacia atrás. El globo rayado lo está llevando a una silla grande y cómoda. El globo lo está poniendo a usted en la silla. Ahora aléjese del globo rayado y véalo flotar e irse.

Ahora examine la silla en la que está sentado. Es una silla suave, de terciopelo azul. Véala. En los brazos de la silla hay controles de botones especiales. Presionando estos botones puede lograr que sucedan ciertas cosas como lo verá en unos pocos momentos.

Quiero que presione ahora el botón del brazo izquierdo de su silla. Un tablero cae justo enfrente de usted donde puede alcanzarlo. El tablero tiene un soporte para tiza, el cual contiene un borrador y muchos trozos de tiza blanca. Tómese un momento para estudiar los detalles del tablero.

Haga una pausa de 2 segundos

Ahora tome un trozo de tiza y dibuje un triángulo en el tablero. Ahora coloque el número 3 dentro del triángulo. Estudie el triángulo con el número 3 adentro.

Haga una pausa de 2 segundos

Tome el borrador y borre el triángulo y el número. Estudie el tablero en blanco.

Haga una pausa de 2 segundos

Ahora dibuje un cuadrado en el tablero. Escriba el número 4 dentro del cuadrado. Estudie el cuadrado con el número 4 dentro de él durante un momento y luego bórrelo del tablero hasta que desaparezca.

Haga una pausa de 2 segundos

Ahora dibuje un círculo en el tablero. Escriba su primer nombre dentro del círculo. Estudie el círculo con su nombre en él.

Ahora bórrelo totalmente.

Presione de nuevo el botón y observe el tablero elevarse y perderse de vista.

Está aprendiendo a crear formas y a removerlas a voluntad.

Dentro de un momento voy a pedirle que presione el botón del brazo de la mano derecha de su silla. Cuando lo presione, siete balones de colores entrarán a su cabeza uno por uno por el lado derecho y pasarán a través de su cabeza justo detrás de sus ojos y luego saldrán por el lado izquierdo de su cabeza.

Presione ahora el botón del brazo derecho de su silla y observe los balones de colores. Un balón rojo entra por el lado derecho de su cabeza. Obsérvelo flotar a través de su cabeza justo detrás de su ojos y salir por el lado izquierdo de su cabeza.

Haga una pausa de 2 segundos

Ahora entra un balón anaranjado. Obsérvelo flotar a través de su cabeza y salir.

Haga una pausa de 2 segundos

Ahora entra un balón amarillo; obsérvelo.

Haga una pausa de 1 segundo

Ahora entra un balón verde y flota a través; obsérvelo.

Haga una pausa de 1 segundo

Ahora un balón azul claro flota a través.

Haga una pausa de 1 segundo

Ahora un balón azul oscuro.

Y ahora un balón púrpura flota a través de su cabeza y se aleja.

Ahora presione el mismo botón otra vez y los balones flotarán rápidamente de regreso a través de su cabeza en orden invertido de izquierda a derecha. Presione el botón.

Aquí viene el balón púrpura. Seguido por el balón azul oscuro. Seguido por el balón azul claro. Luego el balón verde, el balón amarillo, el balón anaranjado y ahora el balón rojo.

Ahora todos los balones de colores se han ido. Su mente está aprendiendo a ver los colores vívidamente y a ver los colores cambiar rápidamente.

Ahora quiero que imagine que tiene un proyector de diapositivas atrás de su cabeza. Puede operar este proyector presionando cualquier botón de su silla. Cuando presione un botón, el proyector de su cabeza proyectará una imagen en una pantalla al frente de su cabeza. Su pantalla puede estar en la parte interior de su frente o puede estar fuera de su cabeza, cerca de un pie de distancia al frente de sus ojos cerrados.

Dentro de un momento, cuando se lo solicite, proyectará una imagen en su pantalla del frente, de su casa o apartamento donde vive. Usted ha visto muchas veces el frente de su casa. Sabe exactamente cómo es. Ahora, presione un botón y proyecte la imagen del frente de su casa o de su apartamento. Estúdielo en detalle. Tome nota de todos los colores, de la arquitectura, de todas las cosas. Puede llevar la imagen a un foco más claro ajustando el control de enfoque de su proyector.

Haga una pausa de 5 segundos

Ahora presione el botón otra vez y proyecte una imagen de

su animal favorito. Estúdielo. Note la forma, el color, todos los detalles. Ajuste su control de enfoque si es necesario.

Haga una pausa de 5 segundos

Ahora presione el botón de nuevo y proyecte la imagen de alguien a quien ama mucho. Usted conoce bien esta cara. Estúdiela en todos sus detalles. Tómese su tiempo. Ajuste su control de enfoque si lo necesita.

Haga una pausa de 5 segundos

Ahora presione el botón nuevamente para apagar su proyector por un momento.

Acaba de experimentar el aprendizaje de cómo proyectar una imagen en su mente.

Quiero que se imagine ahora que hay una mesa de cocina rectangular enfrente de usted. Use su imaginación para crearla.

Ahora coloque un mantel sobre la mesa.

Ahora ponga un melón sobre el mantel. Note cómo la corteza exterior de color beige contrasta con el mantel azul. Coloque un cuchillo de cocina grande sobre la mesa. Tome el cuchillo y corte el melón por la mitad. Examine la pulpa interior del melón, anaranjada y jugosa.

Note el racimo de semillas que está en el centro del melón cortado. Note el contraste de la fruta anaranjada y el mantel azul.

Ahora quite el melón y el mantel. Coloque un mantel rojo sobre la mesa ahora. Coloque una cabeza de lechuga verde sobre el mantel. Note el contraste entre la lechuga verde y el mantel rojo. Ahora quite la lechuga y el mantel.

Ahora coloque un mantel a cuadros blancos y negros sobre la mesa. Ponga un jarrón con rosas rojas y amarillas en el centro de la mesa. Estudie la escena. Note los detalles. ¿Cuántas rosas rojas hay? ¿Cuántas rosas amarillas hay? ¿De qué color es el jarrón? ¿De qué está hecho el jarrón?

Ahora está aprendiendo a visualizar imágenes más complejas y a analizar sus detalles.

Ahora deje que la mesa y su contenido simplemente desaparezcan.

Quiero que imagine ahora que usted está en la pista de carreras. Véase a sí mismo sentado en las graderías. Tiene un buen asiento. Note la gente a su alrededor —enfrente suyo, detrás de usted, a ambos lados.

Ahora mire hacia abajo a la pista de competencia. Hay cuatro caballos de carreras en la pista. Están haciendo cabriolas, haciendo alarde antes del comienzo de la carrera. Un caballo negro sólido tiene una manta de silla roja sobre él, con un número 1 amarillo en la manta. Estudie este caballo. Tome sus binoculares de su regazo y enfoque este caballo para tener una visión más clara. Estudie cada detalle.

Haga una pausa de 5 segundos

Ahora gire su atención hacia el caballo grande de color café que tiene la manta de silla anaranjada con un número 2 negro en ésta. Estudie este caballo con sus binoculares para una mejor imagen. Analice cada detalle.

Haga una pausa de 5 segundos

Ahora dirija sus binoculares hacia el caballo gris que tiene puesta la manta azul con un número 3 dorado en ésta. Estudie este caballo cuidadosamente para todos los detalles.

Haga una pausa de 5 segundos

Ahora mire el caballo rojizo que tiene puesta la manta blanca con un número 4 verde sobre ésta. Estudie cuidadosamente este caballo.

Haga una pausa de 5 segundos

Ahora ponga de nuevo sus binoculares en su regazo y mire a todos los cuatro caballos en la distancia. Véalos hacer cabriolas.

Ahora están alineándose lado a lado para iniciar la carrera. Escoja el que cree que va a ganar.

La señal para iniciar la carrera ha sonado y los caballos saltan hacia adelante en una fuerte carrera. Obsérvelos correr. ¿Quién va en la punta?

Están dando la vuelta ahora. ¿Cuál es el primero en este punto? ¿Cuál es el segundo? ¿Cuál es el tercero? ¿Cuál caballo está en el cuarto lugar?

Están dirigiéndose hacia el tramo final ahora. Están apiñados en un apretado grupo, cada uno tratando de surgir hacia el primer puesto. Entonces un caballo sale adelante y cruza de primero la linea de meta. ¿Cuál caballo ganó la carrera? ¿Fue su caballo?

Ahora deje que los caballos y la pista de carreras desaparezca de vista.

Ahora está aprendiendo a crear escenas con acción, color, detalle y complejidad.

Ahora su ejercicio final de entrenamiento de visualización será una escena aún más detallada y compleja.

Respire profundo y relájese aún más.

Se encuentra reposando en una pradera suave y verde con el sol brillante sobre su cabeza. Note las flores a su alrededor. Una brisa suave ondea a través de su cuerpo. Note el pasto y las flores subir hasta cerca de su cabeza. Vea cómo la brisa sopla suavemente las briznas de pasto hacia adelante y hacia atrás. Huela la fragancia de las flores.

Ahora párese y mire hacia el norte. Vea la majestuosa montaña al final de esta pradera. Viajemos arriba de esa montaña. Hay un riachuelo a su derecha. Inclínese y sienta el agua fría. Beba un sorbo de esta agua absolutamente pura, limpia, fría y refrescante. Escuche el ímpetu de los pequeños rápidos en esta corriente burbujeante.

Como el riachuelo parece provenir de la montaña, sigámoslo. Ahora llegamos a un estanque que está a la cabecera de esta corriente. Note lo cálida que está el agua aquí. Debido a que en este nivel de la mente, todos somos nadadores expertos, nademos. Sienta el cálido sol. Sienta el agua cálida alrededor de su cuerpo a medida que se mueve silenciosamente hacia el agua.

Ahora es tiempo de que continuemos subiendo la montaña. A medida que subimos, escuche el canto de las aves. Huela los árboles de pino. Mire las rocas en el banco a nuestra izquierda. Ahora podemos ver el valle y nuestra pradera, abajo a la derecha, entre los árboles. Ahora estamos a mitad de camino en el ascenso de la montaña. Paremos para descansar sobre la roca a nuestra derecha. Nuestra pradera está a plena vista desde aquí.

Ahora es tiempo de que continuemos hacia la cima de la montaña. Escuche castañetear a las ardillas arriba en los árboles.

La brisa trae el olor de los pequeños árboles de cedro hacia nosotros, a medida que nos acercamos a la cima. Ahora estamos en la cima. Podemos ver un profundo cañón al otro lado. Hay un aviso en la cima de nuestra montaña. Éste dice: «Grite las preguntas que más ha querido resolver en el cañón de abajo y vea la respuesta escrita arriba en el cielo». Así que grite su pregunta ahora… y vea la respuesta arriba en el cielo. Ahora haga otra pregunta. Vea la respuesta escrita arriba en el cielo.

Ahora es tiempo de que regresemos a nuestra pradera. Vea el sol empezando a ocultarse en las colinas a la izquierda. Si nos apresuramos, podemos dejar nuestra montaña antes de que oscurezca. A medio camino bajando nuestra montaña ahora, y nos detenemos para descansar en nuestra roca nuevamente. Podemos ver el comienzo de la puesta del sol. Empecemos otra vez a bajar la montaña. Escuche el sonido creado por los pequeños animales nocturnos. Pasando nuestra fuente, vemos el reflejo de la puesta del sol en su superficie como de espejo. Nuestra pequeña corriente está fría y refrescante a medida que pasamos a su lado. Ahora estamos de regreso en la pradera. Tiéndase de nuevo en el pasto. Huela otra vez la fragancia de las flores. Note cómo el pasto y las flores regresan a su altura original mientras la pradera y la montaña desaparecen lentamente de nuestra vista.

Ahora respire profundo y relájese.

Cada vez que escuche esta grabación, su capacidad para visualizar se volverá más fuerte, más profunda y vívida. También sus visualizaciones llegarán más rápidas y sus imágenes serán más detalladas y completas. Verá todas las cosas en colores y tendrá perfecto control sobre la creación de cualquier imagen mental que desee. Ahora está entrenando su mente para visualizar perfectamente.

Dentro de unos pocos momentos, cuando se despierte, se sentirá muy, muy relajado y estará completamente reanimado, vivo, alerta, lleno de energía, lleno de confianza. Se sentirá maravilloso. Todo lo que tiene que hacer para despertarse es contar mentalmente conmigo de uno hasta cinco y a la cuenta de cinco, abrir sus ojos, sentirse relajado, reanimado, alerta y muy eufórico. Sintiéndose muy bien realmente. 1... 2... 3... 4... 5.

15

Equilibrando el Yo

Esta grabación lo guiará hacia un estado de conciencia alterado, el cual es profundamente relajador y tranquilo. Mientras esté en este estado alterado, será guiado a través de un hermoso procedimiento que lo pondrá en equilibrio.

¿Qué significa equilibrarse a sí mismo?

Muy simple, significa liberarse de toda negatividad que ha sido acumulada en su mente y en su espíritu, de manera que tenga una imagen limpia por así decirlo. Se libera de negativismos tales como la culpa, el odio, la rabia, etc. y los reemplaza por amor, fe, perdón y otras cualidades positivas.

Usted cierra la puerta a los aspectos negativos de su pasado y abre la puerta a un futuro brillante, nuevo, promisorio.

La forma en que una persona tiene en cuenta su pasado puede ser saludable y benéfica o puede ser perjudicial. La gente que utiliza las lecciones y experimenta el pasado para poder tratar mejor con el presente está utilizando el pasado de forma saludable y benéfica. La gente que vive en el pasado perjudica el gozo de su presente y utiliza el pasado de forma nociva. Parte del proceso equilibrador es cerrar la puerta al pasado para vivir en el presente de una forma tal que asegure un futuro brillante. Este procedimiento no le impide ir a su pasado durante regresiones hipnóticas. Este ejercicio equilibrador le otorga la perspectiva del pasado apropiada para usted.

¿Por qué es tan importante estar en equilibrio?

Porque la vida está llena de enseñanzas listas para ser aprendidas. No es posible lograr los beneficios si se está fuera de equilibrio e impregnado con negativismo. En el mundo no físico, lo parecido se atrae. Esto significa que si está dominado por el negativismo, atraerá eventos negativos a su vida. Contrariamente, si está dominado por energías positivas, atraerá eventos positivos a su vida.

¿Alguna vez se preguntó por qué algunas personas parecen estar plagadas de miseria, mala suerte, enfermedad, etc., mientras otras parecen llevar una vida encantada, llena de recompensas? Si pudiera mirar en las mentes de cada uno, vería dos tipos de patrones de pensamiento totalmente diferentes. El primero parecería estar lleno de miedos, odio, venganza, celos, sentimientos de inferioridad, culpa, etc. El segundo tendría pocas o ninguna de esas cosas. En lugar de esto, estarían sentimientos de autovaloración, perdón, amor, confianza, etc. La selección de cuál tipo de persona quiere ser es totalmente suya. Simplemente establezca: puede escoger ser un perdedor o escoger ser un ganador.

Esta grabación lo lleva a su primer paso significativo hacia convertirse en un ganador en la vida.

Puede utilizarla con la frecuencia que desee. Esta lo hace sentirse magníficamente y lo mantiene en equilibrio.

Texto de la grabación para el equilibrio del Yo

Cierre los ojos, respire y exhale por completo hasta la base de sus pulmones. Repita este paso de nuevo. Relájese. Respire profundo una vez más y esta vez contenga su respiración cuando haya llenado sus pulmones con aire limpio, refrescante y relajante. Mantenga sus ojos cerrados. Ahora deje que su respiración salga lentamente y relájese por completo.

Ahora quiero que imagine que todas sus tensiones, todos sus apuros y todos sus miedos y preocupaciones se acumulan en la parte superior de su cabeza. Deje que todo aquello que lo molesta se resbale sobre su cara, hacia su cuello, sus hombros, a través de su pecho, su cintura, sus caderas, sus muslos, abajo hacia sus rodillas, sus pantorrillas, sus tobillos y hacia afuera de los dedos de sus pies. Toda su tensión, todos sus apuros, todas sus preocupaciones y miedos están saliendo desde las puntas de los dedos de sus pies y se está relajando más cada vez.

Ahora enfoque su atención en los dedos de sus pies y deje que se relajen completamente. Cada dedo está suelto y pesado. Deje que esta relajación fluya dentro de sus pies, dentro de sus tobillos, de sus pantorrillas, de sus rodillas. Siéntala fluir dentro de sus muslos, en sus caderas, dentro de su cintura, fluyendo hacia arriba en su pecho. Sienta su respiración más ligera y más profunda, más regular y más relajada.

Ahora deje que una sensación profunda y relajada entre en sus hombros, baje hacia sus brazos, dentro de sus antebrazos, sus manos y sus dedos y fluya de regreso hacia sus antebrazos, sus brazos y sus hombros. Ahora fluye en su cuello, sobre su cara, su mentón y sus mejillas; incluso sus orejas están relajadas. Siéntala fluir en sus ojos y sus párpados. Sus párpados están muy pesados y suaves. El flujo continúa arriba hacia sus cejas, sobre su frente, sobre la parte superior de su cabeza, bajando hacia la parte posterior de su cabeza y de su cuello.

Una nueva pesadez está comenzando en la parte superior de su cabeza, dos veces más pesada que antes, dos veces más pesada. Imagínese un gran peso en toda la parte superior de la cabeza, suave, relajado y pesado. Sienta la relajación pesada fluyendo hacia abajo en su cara y sus ojos ahora, hacia abajo en su cuello, sus hombros, fluyendo hacia su pecho, su cintura, sus caderas, sus muslos, sus rodillas, en sus pantorrillas, sus tobillos, sus pies y sus dedos. Profundamente relajado, suelto, flexible y cómodo desde la parte superior de la cabeza hasta la punta de sus dedos.

Ahora quiero que imagine que tiene una válvula en la cima de su cabeza. Un globo irrompible está unido a la válvula. El globo no está inflado. Dentro de unos pocos momentos voy a pedirle que abra la válvula para que toda la negatividad de su mente, su cuerpo y su espíritu puedan escapar hacia dentro del globo y llenarlo. Una fuerte presión que comienza en la planta de sus pies, forzará todo desecho negativo hacia el globo. Ahora quiero que alcance y abra completamente la válvula en la cima de su cabeza. Ábrala totalmente.

Muy bien. Ahora imagínese una potente presión en las plantas de sus pies. Deje que esta poderosa presión empiece a moverse hacia arriba por sus pies y sus tobillos, empujando toda la basura negativa. La negatividad es forzada hacia arriba y dentro del globo. Vea cómo el globo se empieza a llenar. La presión se mueve firmemente en sus pantorrillas, sus tobillos, sus muslos y sus caderas. La negatividad se deposita rápidamente arriba en el globo y éste se llena cada vez más. La presión continúa hacia arriba en su cintura y su pecho, empujando todas las energías negativas. El globo se agranda. La presión continúa hacia arriba a través de sus hombros, su cuello, su cara y derecho hacia la cima de su cabeza, forzando cada parte del desecho y de energía negativa fuera de su mente, de su cuerpo y de su espíritu y dentro del globo.

Vea el globo lleno de la basura negra, sucia y negativa que estaba dentro de usted.

Ahora alcance y cierre la válvula para que el desorden negativo del globo no pueda regresar nunca hacia usted. Ahora alcance y anude el cuello del globo con una cuerda irrompible. Ciérrela, atándola fuertemente. Ahora retire el globo de la válvula, de forma que el globo quede libre para elevarse por siempre en el espacio, donde nunca pueda regresar a la Tierra. Observe el globo elevarse cada vez más alto, hasta que se pierda de vista. Como el globo es irrompible, la carga negativa que contiene no se puede liberar nunca para que haga daño a alguien. Sienta lo aliviado y tranquilo que está ahora que se ha liberado de toda esa carga desagradable y negativa. Está libre de ella de ahora en adelante y está feliz por eso.

Quiero que ahora se imagine que está mirando a un tablero negro. Imagínese un círculo en el tablero. Vamos a colocar dentro del círculo las letras del alfabeto en orden invertido. Después de que las coloque en el círculo, las borrará del círculo y se relajará cada vez más profundamente.

Imagínese el tablero ahora. Imagínese el círculo. Ponga la letra Z dentro del círculo. Ahora borre la Z de dentro del círculo y profundícese más. Ponga la Y en el círculo, bórrela y profundícese más. La X, bórrela y profundícese aún más. La W y bórrela. La V y bórrela. La U y bórrela. La T y bórrela. La S y bórrela. La R y bórrela. La Q y bórrela. La P y bórrela. La O y bórrela. La N y bórrela. La M y bórrela. La L y bórrela. La K y bórrela. La J y bórrela. La I y bórrela. La H y bórrela. La G y bórrela. La F y bórrela. La E y bórrela. La D y bórrela. La C y bórrela. La B y bórrela. La A y bórrela. Ahora borre el círculo y olvídese del tablero. Continúe relajándose más y más profundamente. Sienta hundirse en la silla; la mente y el cuerpo se dirigen más y más hacia la relajación profunda con cada respiración.

A medida que inhala, imagínese que está respirando anestesia inodora, limpia y pura. Ahora la anestesia está fluyendo a través de todo su cuerpo. Es una sensación agradable y cálida;

mientras más inhala, más se profundiza en su respiración, logrando un estado tranquilo, relajante y pacífico. De ahora en adelante y hasta el fin de esta sesión, se relajará más y más completamente cada vez que respire.

Ahora quiero que se imagine que está mirando el cielo azul y claro del verano. En el cielo hay un avión que está escribiendo su nombre en letras blancas y sedosas como las nubes. Ahora deje que su nombre se disuelva. Deje que el viento haga desaparecer su nombre en el cielo azul. Olvídese de su nombre. Olvídese inclusive de que tiene un nombre. Los nombres no son importantes. Sólo continúe escuchando mi voz y relájese más profundamente.

Imagínese a sí mismo sentado en una gran roca que aflora al lado del océano… note el rugido a medida que el mar penetra y golpea la roca debajo de usted… huela el aire salado a medida que el viento golpea contra su cara… note el contraste entre sus rocas y la playa.

Note las gaviotas arriba en el cielo… obsérvelas clavándose en el océano en busca de comida… escuche su parloteo cuando regresan hacia el cielo… note las otras aves a su alrededor… ellas muestran su aprecio por la vida en su suave vuelo y su alegre cantar.

Mire detrás de usted y note un camino en la playa… baje por ese camino hacia la playa… la suave senda parece indicar cuántas personas han bajado de la roca antes que usted… esas rocas sin edad parecen reafirmarle la belleza de la vida y cómo vivir en armonía con la naturaleza parece darle gracia a usted… las piedras y las rocas parecen conformar un ligero conjunto de escaleras naturales a mitad de camino hacia abajo… ahora de regreso al camino empinado… la arena se está calentando y es tan incitante… el tibio sol es muy agradable… quítese los zapatos y las medias. Déjelos aquí sobre la arena, donde las pueda encontrar cuando regrese. Ahora termine descalzo su caminata a la playa…

sienta la tibia arena agolparse entre sus dedos… sienta que la brisa lo calienta cuando se acerca a la playa… ahora está en la arena húmeda… sienta su fría firmeza bajo sus pies… note lo diferente que se siente esta arena, comparada con la arena seca y tibia en la que estaba hace algunos momentos… mire la majestuosa extensión del océano enfrente suyo. Éste se extiende tan lejos como usted puede ver. Una suave ola llega a la orilla y pasa por sus pies. Sienta cómo lo hala cuando regresa al océano. Este océano es el mar infinito de la vida y de la conciencia sin fin. Camine dentro del agua una corta distancia hasta donde el agua le llegue a las rodillas. Este mar, del cual usted hace parte, contiene todo el poder que necesitará. Sienta el poder proveniente del lecho del océano hacia sus pies y sus piernas, trayendo consigo amor y entusiasmo por la vida. Trayendo consigo valor y fe. Quédese allí y permita que este invaluable regalo del mar llene todo su cuerpo. Subiendo por sus piernas. En el tronco de su cuerpo. Fluyendo en su cuello y en su cabeza. Está lleno de conciencia y de vida proveniente del mar. Se siente vibrante de amor por la vida y por todo. Una poderosa paz se posa sobre usted. El valor ha llenado cada faceta de su ser. Usted sabe que puede manejar cualquier cosa de manera sensible y beneficiosa. No le teme a nada en absoluto. No tiene miedo, y eso es así. Una fe tremenda corre hacia usted. No hay espacio para la duda y usted no tiene dudas. Ha recibido fe, valor, poder y entusiasmo por la vida, de esta infinita fuente de bondad. Ahora camine de regreso a la playa hasta el punto donde una ola ocasional pasó mojando sus tobillos. Inclínese y escriba este mensaje en la arena húmeda con su dedo «Yo amo». Ahora, bajo su mensaje de «Yo amo», escriba los nombres de aquellas personas especiales a quienes desea enviarles amor. Asegúrese de incluir su propio nombre. Dejaré de hablar mientras escribe los nombres.

Si todavía no ha escrito su propio nombre, hágalo ahora rápidamente. Ahora una ola del mar de la conciencia lava su mensaje y pasa por sus tobillos. La ola retrocede, limpiando la playa. Su mensaje de amor ha sido llevado al mar de la conciencia universal, en donde se ha hecho realidad.

Inclínese y escriba en la arena húmeda una vez más. Esta vez escriba «Yo perdono», seguido primero por su propio nombre, y luego los nombres de todos aquellos a quienes cree que lo han ofendido de alguna forma. Le daré tiempo ahora para que lo haga.

Haga una pausa de 60 segundos

Ahora, al final de su lista escriba estas palabras: «y a todos los demás»

Haga una pausa de 3 segundos

Ahora otra ola del mar de la conciencia infinita lava su mensaje pasando sobre éste y por sus tobillos. Cuando la ola regresa al mar, toma consigo su mensaje de perdón, el cual se ha hecho realidad ahora. Se ha librado ahora de culpabilidad, de reprobación y de rencor. Ha llenado su vida con amor, valor, fe y entusiasmo. Está en equilibrio y en armonía con todo. Ahora está listo para servir con integridad y éxito.

Ahora párese y dé la cara al mar de la vida otra vez. Gire su cabeza a la derecha y busque la playa… esa es la dirección del pasado. Hay una puerta abierta en esa dirección, a poca distancia de donde usted se encuentra. Ahora mueva su cabeza hacia su izquierda y busque la playa en esa dirección… esa es la dirección del futuro. Hay una puerta cerrada en esa dirección a poca distancia de donde se encuentra usted.

Ahora mire hacia atrás, hacia el mar de la vida y la conciencia. La brisa del océano le trae el conocimiento de lo que debe hacer ahora… debe cerrar la puerta hacia el pasado y abrir la puerta hacia el futuro. Así que gire hacia su derecha ahora y camine hacia la puerta abierta del pasado. La puerta tiene un aviso grande que dice El Pasado. Hay una llave colgando del umbral de la puerta. Tome la llave. Mire brevemente al interior de la puerta abierta… vea los errores, la tristeza y las energías desperdiciadas que una vez fueron parte de su vida. Ahora hale la puerta firmemente y ciérrela asegurándola con la llave. Ahora de la vuelta y tire la llave lejos al mar, para no ser recuperada nunca. Ha cerrado y asegurado la puerta a todos los aspectos negativos de su pasado. Nunca jamás necesitará mirar a través de esa puerta. Lo que ocurrió tras esa puerta ha terminado para siempre. No es usted en este preciso momento.

Si alguna vez decide pasar la puerta hacia su pasado para regresar en experiencias de vidas pasadas, lo podrá hacer sin ningún problema. Lo que acaba de hacer al asegurar la puerta hacia el pasado es evitar que todos los aspectos negativos del pasado invadan su presente e influencien su vida actual de forma negativa.

Ahora dese la vuelta y camine por la playa hacia la puerta cerrada del futuro… a medida que se acerca a la puerta, note un aviso en la puerta que dice El Futuro. Hay una llave dorada colgando del umbral de la puerta. Tome la llave y abra la puerta. Ábrala completamente y mire a través de ella. Véase a sí mismo como quiere ser realmente y cómo se está convirtiendo ahora. Ve brillo y luz. Ve éxito y armonía. Tómese unos pocos momentos para echar un breve vistazo a su futuro.

Haga una pausa de 10 segundos

Ahora ha abierto la puerta hacia su futuro… hacia una nueva esperanza… hacia un nuevo logro y un entendimiento… hacia un nuevo usted. Siéntase bien acerca de sí mismo.

Ahora camine de regreso hacia donde dejó sus zapatos y sus medias. Recoja esa concha marina que ve en la arena, justo delante de usted, póngala en su oído y escuche el mensaje que proviene de esta.

Haga una pausa de 5 segundos

Ahora de la vuelta, mire el mar una vez más y diga «adiós». Es hora de regresar a ponerse sus zapatos y sus medias… suba de regreso las escaleras de la vida… hacia la cima de la roca. Ahora tiene el amor y la felicidad de la vida dentro de usted, recogida del mar. Dé un agradecimiento especial a aquellas personas que han estado pendiente de usted mientras el mar desaparece de vista.

Acaba de experimentar un estado alterado de conciencia que lo pone en equilibrio mental y espiritualmente. Se le ha dado una herramienta valiosa para utilizarla para enriquecer su vida. Utilícela todos los días y diseñe su vida de la manera que quiera que ésta sea. En este momento está haciendo un compromiso consigo mismo. Un compromiso para mantenerse libre de todo negativismo de ahora en adelante y para hacer de su vida una experiencia positiva, feliz y de realización. La decisión es solamente suya para hacerlo o no hacerlo. Puesto que ahora tiene el control. Y sea lo que sea que escoja hacer, puede hacerlo. Cualquier cosa que ponga en su mente para lograrla, tiene la capacidad y la logrará. Será totalmente exitoso y disfrutará de sus triunfos. Y disfrutará siendo la persona positiva y valiosa que realmente quiere ser, más y más cada día.

La próxima vez que escuche mi voz, se relajará diez veces más profundo de lo que está ahora, y las sugestiones que le dé entonces, penetrarán diez veces más profundo en todos los niveles de su mente.

Dentro de unos pocos momentos cuando se despierte, se sentirá muy, muy relajado y se sentirá completamente reanimado, vivo, alerta, lleno de energía y lleno de autoconfianza. Se sentirá simplemente maravilloso. Todo lo que tiene que hacer para despertar es contar conmigo de uno hasta cinco, y a la cuenta de cinco despertará sintiéndose relajado, reanimado, alerta y muy eufórico. Sintiéndose muy bien realmente. 1... 2... 3... 4... 5. Ojos abiertos, bien despierto, ¡sintiéndose simplemente grandioso!

16

Control de peso y dieta

Esta grabación lo guiará hacia un estado alterado de conciencia que le permitirá controlar su dieta y su peso. Esta grabación supone que usted tiene un problema de peso debido a hábitos de alimentación no adecuados y que puede ayudarle a resolver ese problema si realmente desea mejorar los hábitos de alimentación y controlar su peso. Sin embargo, la grabación no puede obligarlo a hacer nada que usted no quiera hacer realmente. Si en realidad quiere establecer una dieta nutricional y realmente quiere adaptar su peso a un nivel saludable, entonces continúe escuchando esta grabación.

Una advertencia. Este no es un programa médico y no pretende serlo. Esta grabación está relacionada con la fuerza de voluntad, la autoimagen y el equilibrio en los hábitos alimenticios. Esta es una grabación de control de hábitos. Por lo tanto, si su problema de peso se debe a razones médicas tales como el mal funcionamiento de la tiroides u otras condiciones físicas, no utilice esta grabación, a menos que su médico lo autorice. Utilice esta grabación solamente para lo que fue diseñada —control de hábitos.

En el texto se incluye una dieta específica. Esta dieta es solo para propósitos ilustrativos y puede no ser la mejor o la dieta para usted. Este ejemplo puede ser sustituido por la dieta correcta para usted. Consulte a su médico o a un nutricionista si es necesario.

La dieta del ejemplo no pretende ser una dieta médicamente establecida para todos. Es su responsabilidad determinar su propia dieta y sustituirla por la expuesta en este texto.

Existen dos formas en que puede utilizar esta grabación, en forma individual o junto con la grabación de «Estableciendo objetivos y la fuerza de voluntad» (vea el capítulo 13).

Si solo utiliza esta grabación, escúchela al menos una vez al día y siga las instrucciones y sugerencias hasta que haya logrado su peso propuesto. Entonces puede dejar de escuchar la grabación y mantener el peso que desee.

Si utiliza esta grabación junto con la grabación de «Estableciendo objetivos y la fuerza de voluntad», alterne las dos cintas: un día una y al día siguiente la otra.

Para la grabación de «Estableciendo objetivos y la fuerza de voluntad», deberá escribir y programar su objetivo en una forma como ésta: *Quiero seguir una dieta saludable estricta que me permita perder la cantidad apropiada de peso que sea mejor para mí. Después quiero mantener un nivel de peso saludable apropiado a partir de ese punto.* O puede inventarse otros términos para su objetivo, los cuales crea que son los mejores para usted.

Texto de la grabación para el control de peso y dieta

Cierre los ojos, respire y exhale por completo hasta la base de sus pulmones. Repita este paso de nuevo. Relájese. Respire profundo una vez más. Esta vez contenga su respiración cuando haya llenado sus pulmones con aire limpio, refrescante y relajante. Mantenga sus ojos cerrados. Ahora deje que su respiración salga lentamente y relájese por completo.

Ahora quiero que imagine que todas sus tensiones, todos sus apuros y todos sus miedos y preocupaciones se acumulan en la parte superior de su cabeza. Deje que todo aquello que lo molesta se resbale sobre su cara, hacia su cuello, sus hombros, a través de su pecho, su cintura, sus caderas, sus muslos, abajo hacia sus rodillas, sus pantorrillas, sus tobillos y hacia afuera de los dedos de sus pies. Toda su tensión, todos sus apuros, todas sus preocupaciones y miedos están saliendo desde las puntas de los dedos de sus pies y se está relajando más cada vez.

Ahora enfoque su atención en los dedos de sus pies y deje que se relajen completamente. Cada dedo está suelto y pesado. Deje que esta relajación fluya dentro de sus pies, dentro de sus tobillos, de sus pantorrillas, de sus rodillas. Siéntala fluir dentro de sus muslos, en sus caderas, dentro de su cintura, fluyendo hacia arriba en su pecho. Sienta su respiración más ligera y más profunda, más regular y más relajada. Ahora deje que una sensación profunda y relajada entre en sus hombros, baje hacia sus brazos, dentro de sus antebrazos, sus manos y sus dedos y fluya de regreso hacia sus antebrazos, sus brazos y sus hombros. Ahora fluye en su cuello, sobre su cara, su mentón y sus mejillas; incluso sus orejas están relajadas. Siéntala fluir en sus ojos y sus párpados. Sus párpados están muy pesados y suaves. El flujo continúa arriba hacia sus cejas, sobre su frente, sobre la parte superior de su cabeza, bajando hacia la parte posterior de su cabeza y de su cuello.

Ahora, una nueva pesadez está comenzando en los dedos de sus pies, dos veces más pesada que la primera vez. Imagínese un gran peso en cada dedo. Sienta la pesadez profunda y aún más relajada. Esta sensación profunda y pesada sube desde sus pies hacia sus tobillos, sus pantorrillas, sus rodillas, sus muslos, su cadera y su cintura. Fluye ahora en su pecho, relajando su corazón, relajando sus pulmones, permitiendo que su respiración sea más intensa, más regular, y cada vez más relajada. Ahora la sensación profunda y pesada está fluyendo en sus hombros, bajando por sus brazos, sus antebrazos, en sus manos y sus dedos. Ahora está fluyendo de regreso a sus antebrazos, sus brazos, sus hombros y hacia su cuello. Ahora fluye sobre su cara, en sus ojos, sobre sus cejas, sobre su frente, sobre la cima de su cabeza, bajando por la parte posterior hasta el cuello.

Y ahora está empezando una nueva pesadez en la parte superior de su cabeza. Dos veces más pesada que antes. Dos veces más pesada. Imagínese un gran peso en toda la parte superior de la cabeza, suave, relajado y pesado. Sienta la relajación pesada fluyendo hacia abajo en su cara y sus ojos ahora, hacia abajo en su cuello, sus hombros, fluyendo hacia su pecho, su cintura, sus caderas, sus muslos, sus rodillas, en sus pantorrillas, sus tobillos, sus pies y sus dedos. Profundamente relajado, suelto, flexible y cómodo desde la parte superior de la cabeza hasta la punta de sus dedos.

Quiero que ahora se imagine que está mirando a un tablero negro. Imagínese un círculo en el tablero. Vamos a colocar dentro del círculo las letras del alfabeto en orden invertido. Después de que las coloque en el círculo, las borrará del círculo y se relajará cada vez más profundamente.

Imagínese el tablero ahora. Imagínese el círculo. Ponga la letra Z dentro del círculo. Ahora borre la Z de dentro del círculo y profundícese más. Ponga la Y en el círculo, bórrela y profundícese más. La X, bórrela y profundícese aún más. La W y bórrela. La V y bórrela. La U y bórrela. La T y bórrela. La S y bórrela. La R y bórrela. La Q y bórrela. La P y bórrela. La O y bórrela. La N y bórrela. La M y bórrela. La L y bórrela. La K y bórrela. La J y bórrela. La I y bórrela. La H y bórrela. La G y bórrela. La F y bórrela. La E y bórrela. La D y bórrela. La C y bórrela. La B y bórrela. La A y bórrela. Ahora borre el círculo y olvídese del tablero. Continúe relajándose más y más profundamente. Sienta hundirse en la silla; la mente y el cuerpo se dirigen más y más hacia la relajación profunda con cada respiración.

Ahora quiero que se imagine que está mirando el cielo azul y claro del verano. En el cielo hay un avión que está escribiendo su nombre en letras blancas y sedosas como las nubes. Ahora deje que su nombre se disuelva. Deje que el viento haga desaparecer su nombre en el cielo azul. Olvídese de su nombre. Olvídese inclusive de que tiene un nombre. Los nombres no son importantes. Sólo continúe escuchando mi voz y relájese más profundamente.

Ahora quiero que se imagine que estoy colocando en sus rodillas una bolsa pesada de arena. Sienta la arena presionando sobre sus rodillas. Sus rodillas se están volviendo más pesadas y más relajadas. En la arena hay un ingrediente insensibilizador muy poderoso y que está fluyendo hacia sus rodillas ahora. Sus rodillas se están insensibilizando más y más bajo la arena. Y esta pesada sensación está fluyendo hacia sus pantorrillas, en sus tobillos, en sus pies y sus dedos. Todo abajo de sus rodillas está insensible y se insensibiliza más por la arena. Y ahora la pesada sensación de insensibilidad está subiendo a sus muslos, fluyendo en sus caderas, a través de su cintura y en su pecho. Ésta fluye en sus hombros y éstos se hacen más pesados e insensibles. Fluye en sus manos y sus dedos. Fluye ahora de regreso a través de sus antebrazos, sus brazos y sus hombros y en su cuello. Sobre su cara, sobre la cima de su cabeza, hacia abajo de la parte posterior de la cabeza y de la parte posterior de su cuello.

Enfoque su atención ahora en la punta de su nariz. Mantenga su atención suavemente enfocada en la punta de su nariz hasta que alcance un punto en el que toda su atención esté en mi voz. Cuando alcance este punto, puede olvidarse de su nariz y simplemente continúe escuchando mi voz y relajándose cada vez más y más profundamente. Y mientras mantiene su atención enfocada en la punta de su nariz, voy a llevarlo a través de cuatro niveles de relajación progresivamente más profundos.

A medida que mantiene su atención suavemente enfocada en la punta de su nariz, quiero que imagine… imagine que estoy colocando en su boca un pequeño dulce de chocolate. No lo trague; solamente reposa allí en su lengua. Note el sabor amargo del chocolate. Es amargo y se vuelve más y más amargo a medida que permanece allí derritiéndose en su lengua. Es tan amargo que difícilmente puede tenerlo en la boca. Sabe terrible. De ahora en adelante se liberará completamente de cualquier deseo de chocolate o de dulce o de comidas dulces de cualquier tipo. Estará completamente libre de ese deseo, completamente libre de ahora en adelante. Ahora estoy quitando el chocolate amargo de su boca. Su boca se siente limpia ahora, toda fresca y limpia. Se alegra de que ese horrible sabor se haya ido de su lengua.

Quiero que imagine ahora que está parado en el escalón más alto de una escalera de madera. Sienta la alfombra bajo sus pies. La alfombra puede ser del color que desee… imagínesela. Ahora, extienda su mano y toque el pasamanos. Sienta la madera suave y pulida del pasamanos bajo su mano. Usted está parado a diez escalones del piso de abajo. En un momento bajaremos las escaleras. Con cada escalón descendido podrá relajarse aún más profundamente. Cuando alcance el piso inferior, estará más profundo de lo que ha estado antes. Ahora baje hacia el noveno escalón, suave y fácilmente. Siéntase cada vez más profundo. Ahora baje hacia el octavo, aún más profundo. Ahora baje al séptimo… sexto… quinto… cuarto… tercero… segundo… primer escalón.

Ahora está parado en el piso de abajo. Hay una puerta enfrente de usted; acérquese y ábrala. Desde su interior sale a chorros un torrente de luz. Ahora está dentro de esta habitación, mire a su alrededor. Esta es su habitación y ésta puede ser lo que usted quiera que sea; de cualquier tamaño, de cualquier forma, de cualquier color. Puede tener lo que quiera en este cuarto. Puede agregar, quitar o acomodar cosas. Puede tener cualquier tipo de muebles, artículos, pinturas, ventanas, alfombras o cualquier cosa que quiera, ya que éste es su lugar... su lugar propio y privado y usted es libre aquí: libre para crear, libre para ser quien es, libre para hacer lo que desee y la luz que brilla en esta habitación es su luz. Sienta toda la luz a su alrededor, brillando sobre las cosas bonitas que se encuentran allí, brillando sobre usted. Sienta la energía de la luz. Ahora deje que la luz fluya sobre su cuerpo, penetrando cada poro de su piel, llenándolo completamente, apartando toda duda, expulsando todo miedo y tensión. Usted está lleno de la luz. Está limpio y radiante, resplandeciendo con la luz brillante de su habitación.

Mientras está parado a la luz de su habitación, quiero que construya una imagen, una imagen de sí mismo, como quiere ser realmente. No como alguien quiere que usted sea, sino como usted realmente quiere ser. Mire a su imagen parada enfrente suyo a la luz. Su imagen es ordenada, saludable, atractiva, calmada y libre y viste ropa que le queda y se le ve muy bien en su cuerpo. Este es usted. Este es el real usted. Esta es la persona en la que se está convirtiendo ahora. Camine y acérquese a su imagen ahora. Acérquese más. Camine hacia dentro de la imagen. Permita que se mezcle en su propio cuerpo. Su propio yo mejor, una parte viviente de usted ahora.

En este momento se está haciendo una promesa a sí mismo —un compromiso para convertirse en usted real—. Este compromiso estará con usted, más fuerte cada día.

De ahora en adelante, todos los días será más y más la persona que realmente quiere ser. Estará relajado y calmado. Y no importa lo que esté pasando a su alrededor, puede manejarlo de una manera sensible y relajada. Y se sentirá muy bien. Tendrá toda la energía que pueda usar cada día. Y será muy fácil permanecer en su dieta, estrictamente todos los días, sin importar en dónde se encuentre y sin importar lo que esté haciendo.

Por la mañana, tomará una pequeña porción de proteína, una pequeña porción de fruta o de jugo y una tostada servida sin mantequilla. Al almuerzo tomará una pequeña porción de proteína y una pequeña porción de fruta fresca o de verduras. A la comida tomará una ensalada pequeña con un aderezo muy ligero, una pequeña porción de proteína y media taza de verduras cocidas, servidas sin mantequilla ni margarina.

Siempre comerá muy lentamente y cuando haya comido sólo un poco de los alimentos apropiados y razonables, se sentirá completamente satisfecho habiendo comido un poco de los alimentos adecuados. Eso es todo lo que su cuerpo necesita ahora y es todo lo que usted deseará. No sentirá ningún deseo en absoluto de comer entre las comidas o después de la cena. No tendrá deseo en absoluto de dulces, almidones o de alimentos ricos en grasa de ninguna clase. Todo eso está en el pasado para usted ahora. Su cuerpo no necesita eso y usted ni siquiera lo desea. Ahora está creado el hábito de comer correctamente. Y su cuerpo se está acomodando a este hábito cada vez más. A medida que su estómago continúa encogiéndose un poco más cada día, se sentirá lleno y cómodo con menos y menos comida. Y su peso se mantendrá disminuyendo, inclusive más rápidamente que antes, muy rápido y fácil. Todos los días se sentirá más saludable y atractivo. Se sentirá simplemente maravilloso.

Cada vez que escuche esta grabación se sentirá diez veces más profundamente relajado que antes y las sugerencias que reciba en esta grabación serán más fuertes y llegarán más profundas todo el tiempo. Ya que usted tiene el control ahora. Cualquier cosa que decida hacer, puede hacerla. Cualquier cosa que su mente establezca para lograr, puede hacerla y lo logrará. Será completamente exitoso y disfrutará sus triunfos. Y disfrutará el hecho de volverse cada vez más atractivo y saludable todos los días.

Dentro de un momento, voy a contar en forma invertida, de diez a uno. Quiero que cuente conmigo para sí mismo, silenciosamente. Piense cada número cuando yo lo diga y deje que cada número lo lleve más profundo. 10… 9… 8… 7… 6… 5… 4… 3… 2… 1. Ahora está muy profundamente relajado. Puede darse a sí mismo las siguientes sugerencias. Diga conmigo estas palabras a sí mismo, a medida que yo las digo.

«Siempre estaré relajado y calmado».

«No desearé nada de comer entre comidas, y no comeré entre comidas».

«Comeré solamente a las horas de comida regulares e incluso entonces comeré solamente porciones pequeñas y balanceadas de comidas nutritivas. Y todas las calorías de las comidas que tome serán completamente utilizadas por mi cuerpo y no serán almacenadas en forma de grasa».

«Seguiré estrictamente la dieta que prescribo para mí mismo, y esto es así».

Ahora respire profundo y relájese.

La próxima vez que escuche mi voz en esta grabación, se relajará inclusive más completamente de lo que está ahora. Y las sugerencias recibidas en esta grabación lo llevarán más y más profundo en todos los niveles de su mente.

Dentro de unos pocos momentos cuando se despierte, se sentirá muy, muy relajado y estará completamente reanimado, vivo, alerta, lleno de energía, lleno de confianza. Se sentirá simplemente maravilloso. Todo lo que tiene que hacer es contar conmigo de uno hasta cinco y a la cuenta de cinco, abrir sus ojos, sentirse relajado, reanimado, alerta y muy eufórico. Sintiéndose realmente muy bien. 1… 2… 3… 4… 5.

17

Relajamiento general y control del estrés

Esta grabación es excelente para utilizarla en cualquier momento en el que desee relajarse, aliviar el estrés o la tensión. Esta grabación también es excelente para escucharla antes de cualquier otra grabación de hipnosis, lo cual traerá excelentes resultados. Puede utilizarla con la frecuencia que desee. Recomiendo que la utilice por lo menos una vez a la semana para mantener un mejor control sobre su vida.

Texto de la grabación para la relajación

Cierre los ojos, respire y exhale por completo hasta la base de sus pulmones. Repita este paso de nuevo. Relájese. Respire profundo una vez más y esta vez contenga su respiración cuando haya llenado sus pulmones con aire limpio, refrescante y relajante. Mantenga sus ojos cerrados. Ahora deje que su respiración salga lentamente y relájese por completo.

Ahora enfoque su atención en sus rodillas y relaje todo por debajo de ellas, relaje sus pantorrillas, relaje sus tobillos, relaje sus pies, relaje sus dedos. Todo por debajo de sus rodillas está ahora flojo y relajado. Ahora relaje sus muslos de forma tan completa como pueda. Deje que sus muslos se aflojen y descansen en la silla. Relaje sus caderas y cintura. Ahora relaje su pecho tanto como pueda. Permita que su respiración se suavice y sea profunda, regular y relajada. Relaje sus hombros ahora. Deje que los músculos de sus hombros se vuelvan pesados y flojos. Más y más relajados completamente. Relaje su cuello y su garganta. Deje que su cabeza se afloje a medida que todos los músculos de su cuello se relajan. Ahora relaje su cara tanto como pueda. Deje que se vuelva suave, floja, relajada y cómoda, sus mandíbulas flojas y relajadas, sus dientes no se tocan. Todo suave, suelto y cómodo. Ahora relaje al máximo todos los pequeños músculos alrededor de sus párpados. Sienta que sus párpados se tornan pesados y suaves, más y más profundamente relajados.

Ahora quiero que imagine que todas sus tensiones, todos sus apuros y todos sus miedos y preocupaciones están desapareciendo gradualmente desde la cima de su cabeza. Déjelos escurrirse a través de su cara, hacia abajo por su cuello, a través de sus hombros, a través de su pecho, su cintura, sus caderas, sus muslos, bajando por sus rodillas, sus pantorrillas, sus tobillos, sus pies y afuera por sus dedos. Toda su tensión, todos sus apuros, todas sus preocupaciones y miedos están desapareciendo lentamente desde la punta de sus dedos y usted se está relajando cada vez más.

Vamos a hacer este ejercicio de relajación una vez más. Esta vez quiero que permita relajarse completamente más que la primera vez.

Enfoque otra vez su atención en sus rodillas y relaje todo por debajo de éstas. Relaje sus pantorrillas, sus tobillos, relaje sus pies y relaje sus dedos. Ahora relaje sus muslos completamente. Deje que sus muslos cuelguen sueltos y pesados en la silla. Relaje sus caderas y su cintura. Sienta fluir la relajación en su pecho ahora. Relaje los órganos vitales dentro de su pecho, su corazón, sus pulmones, dejando que su respiración se haga más intensa, más regular, más y más completamente relajada. Ahora relaje sus hombros todavía más. Sienta sus hombros pesados y sueltos. Más profundamente relajados. Relaje su cuello y su garganta. Relaje su cara aún más. Sienta su cara toda suave y suelta, completamente cómoda y relajada. Ahora relaje aún más los pequeños músculos alrededor de sus párpados. Sienta sus párpados pesados y suaves, cada vez más profundamente relajados.

Vamos a hacer este ejercicio de relajación una vez más. Esta vez quiero que se relaje completamente. No tenga miedo; siempre escucha mi voz, así que sólo elimine todas las barreras y sumérjase en una relajación perfecta.

Enfoque su atención de nuevo en sus rodillas y relaje todo por debajo de éstas. Relaje sus pantorrillas, sus tobillos, relaje sus pies y relaje sus dedos. Ahora relaje completamente sus muslos. Sienta la relajación profunda y pesada fluyendo ahora en sus caderas. Siéntala subir por su cintura, por su pecho, hacia sus hombros, pesados y sueltos, completamente relajados. Y ahora esta sensación pesada y relajada está yendo hacia su cuello y su garganta, sobre toda su cara. Su cara está toda suave y suelta, totalmente cómoda y relajada, y la pesada relajación está fluyendo en sus ojos y sus párpados ahora. Sus párpados están muy pesados y muy suaves. Más profundamente relajados.

Ahora quiero que imagine que está mirando un tablero. Y en el tablero hay un círculo. Coloque la letra X dentro del círculo. Ahora borre la X de dentro del círculo. Y ahora borre el círculo. Olvídese del tablero a medida que se va relajando cada vez más.

Dentro de un momento, voy a contar regresivamente desde 100. Quiero que cuente conmigo silenciosamente, para sí mismo. Diga cada número a medida que yo lo digo; después, cuando se lo solicite, borre el número de su mente y relájese aún más profundo. 100… diga el 100 para sí mismo. Ahora bórrelo de su mente y profundícese más. 99… y bórrelo todo. 98 y bórrelo. 97 y ahora bórrelo todo, que no quede nada en absoluto, sólo ondas de relajación cada vez más profundas.

Ahora enfoque su atención en la punta de su nariz. Mantenga su atención suavemente enfocada en la punta de su nariz hasta que alcance un punto en el que toda su atención esté en mi voz. Cuando alcance este punto, puede olvidarse de su nariz y simplemente continúe escuchando mi voz y relajándose cada vez más y más profundamente. Y mientras mantiene su atención enfocada en la punta de su nariz, voy a llevarlo a través de cuatro niveles de relajación progresivamente más profundos.

Marcaré estos niveles con letras del alfabeto y cuando usted alcance el primer nivel, el nivel A, estará diez veces más profundamente relajado de lo que inclusive se encuentra ahora. Y luego desde el nivel A, bajaremos al nivel B y cuando alcance el nivel B, estará de nuevo diez veces más profundamente relajado de lo que estaba antes. Y desde el nivel B, bajaremos aún más, hacia el nivel C. Y cuando alcance el nivel C, estará nuevamente diez veces más profundamente relajado de lo que estaba antes. Y luego desde el nivel C, iremos hacia abajo al nivel más profundo de relajación, el nivel D. Y cuando alcance el nivel D, estará de nuevo diez veces más profundamente relajado que antes. Ahora está yendo en dirección hacia abajo, dos veces más profundo con cada respiración, dos veces más profundo con cada respiración. Sus manos y sus dedos están muy relajados y pesados y se hacen cada vez más pesados. Sienta el peso aumentando en sus manos y en sus dedos. Pesados... más pesados... aún más pesados, hasta el punto que están tan pesados que sus manos y sus dedos parecen estar hechos de plomo. Y esta pesada sensación de relajación profunda está fluyendo ahora hacia arriba por sus antebrazos. Siéntala subiendo por sus brazos. Fluyendo a través de sus hombros, en su cuello, sobre su cara, sobre sus ojos. Fluyendo por sus cejas, su frente, sobre la cima de su cabeza. La pesada sensación de relajación profunda está fluyendo hacia abajo de la parte posterior de su cabeza y de su cuello. Ahora usted se está acercando al nivel A.

Ahora usted está en el nivel A y se está profundizando aún más. Cinco veces más profundo ahora con cada respiración que exhala. Cinco veces más profundo con cada respiración. Su mente está muy tranquila y pacífica. No está pensando en nada ahora, muy relajado para pensar, muy cómodo para pensar. Y esta pesada relajación en su mente está fluyendo en su cara y sus ojos. Está fluyendo hacia abajo a través de su cuello y en su pecho, fluyendo hacia abajo por su cintura, a través de sus caderas, de sus muslos, de sus rodillas, de sus pantorrillas, de sus tobillos, de sus pies y de sus dedos. Ahora está llegando al nivel B.

Ahora está en el nivel B y aún se está haciendo más profundo. Flotando suave y gentilmente en una perfecta relajación. Sus brazos y piernas están tan relajados y pesados que los siente como troncos. Sus brazos y sus piernas están rígidos, insensibles y pesados… sencillamente inmóviles. Sus brazos y sus piernas están como tablas de madera. Ahora está alcanzando el nivel C.

Ahora está en el nivel C y dirigiéndose aún hacia abajo. Hundiéndose en la silla. Hundiéndose cada vez más en una profunda y perfecta relajación. Y a medida que continúa profundizándose, voy a contar hacia atrás de 15 hasta 1. Cada número que diga, lo hará sentirse aún más profundo y cuando llegue a 1, estará en el nivel D. 15… 14… 13… 12… 11… 10… 9… 8… 7… 6… 5… 4… 3… 2… 1… 1… 1, tan profundo, tan soñoliento, tan pesado.

Ahora está en el nivel D y todavía avanzando hacia abajo. Ahora no hay límite… sin límites. Continúe flotando, avanzando más y más profundo en perfecta relajación, más profundo con cada respiración.

A medida que se hace cada vez más profundo en una perfecta relajación, le ofrezco las siguientes sugerencias para su beneficio.

La utilización de esta y otras cintas de hipnosis o la práctica de su propia autohipnosis lo capacita para obtener más control sobre su vida y para enriquecer su vida mediante la solución de sus problemas.

Estos estados de relajación profunda son muy benéficos para su salud mental y física.

Ahora se está relajando más y continuará relajándose más cada día. Siempre estará relajado y calmado sin importar lo que esté sucediendo a su alrededor. Y cualquier cosa que suceda, puede manejarla de una forma relajada, madura y sensata. Debido a que ahora está aprendiendo a tener cada vez más control sobre su vida. Ya no permitirá que otras personas o eventos lo intimiden o le causen estrés. Tiene el control, y le agrada que sea así. Estará calmado, relajado, confiado y controlado todas las veces.

Está aprendiendo a relajarse… a liberar toda la ansiedad y a relajarse y dejarla ir. Ya que ahora tiene el control de todos los aspectos de su vida. Ya no permitirá que la ansiedad, la tensión o la energía nerviosa lo detenga. Todos los días notará que se relaja más. Notará que se vuelve más calmado y que tiene más control que nunca antes.

Notará todos los días que su actitud se vuelve más filosófica y libre de preocupaciones serias acerca de los problemas diarios de la vida.

Se sentirá muy relajado y muy alerta.

Ahora repita las siguientes sugerencias a sí mismo, a medida que digo, «Todos los días, en todos los aspectos, estoy siendo mejor, mejor y mejor».

Ahora respire profundo y relájese.

La próxima vez que escuche mi voz en la grabación, se relajará diez veces más profundamente de lo que está ahora. Y las sugerencias que le dé entonces, irán diez veces más profundas en su mente.

Dentro de unos pocos momentos lo despertaré. Cuando despierte, se sentirá muy relajado y muy reanimado por completo. Se sentirá vivo y alerta, muy reanimado. Lleno de energía. Se sentirá simplemente maravilloso. Continuará sintiéndose relajado y bien todo el resto de hoy y toda esta noche. Esta noche, cuando esté listo para irse a dormir, se quedará dormido como un tronco toda la noche. Y la primera cosa de la que sepa será la mañana y despertará sintiéndose en la cima del mundo.

Voy a contar de 1 a 5. A la cuenta de cinco, abrirá sus ojos, estará bien despierto y se sentirá bien, relajado, reanimado, alerta y muy eufórico. ¡Sintiéndose magnífico!

1… 2… más despacio ahora… 3… a la cuenta de 5 abrirá sus ojos, estará bien despierto y se sentirá bien, se sentirá mejor que antes… 4… 5.

Chasquee los dedos.

Ojos abiertos, bien despierto y sintiéndose bien, sintiéndose como nunca antes se había sentido.

18

Mejoramiento de la autoimagen

Esta grabación lo inducirá en un estado de conciencia alterado que le permitirá mejorar su autoimagen por medio de la creación de la autoimagen deseada.

Le sugiero que tome el tiempo necesario para definir la imagen que quiere realmente para sí mismo. ¿Quiere más confianza? ¿Le gustaría ser más sociable? ¿Tener mejor salud? ¿Tener un nuevo trabajo? ¿Ser más paciente? ¿Ser más decidido? ¿Estar libre de pensamientos y de acciones negativas?

Piense en estos aspectos. Escríbalos y estúdielos si es necesario. Tenga en mente la imagen de sí mismo tal y como quiere ser realmente. Esta grabación le ayudará a convertir esa imagen en realidad.

No se preocupe porque deba hacerlo todo en una sola sesión. Puede cambiar o modificar su autoimagen cuando lo desee. Escuche esta grabación con la frecuencia deseada y haga los cambios necesarios. Esta grabación no está diseñada para escucharla una sola vez; está diseñada para darle una herramienta de uso diario por el resto de su vida, enriqueciendo su vida en cualquiera que sea el camino que escoja.

Texto de la grabación para la autoimagen

Cierre los ojos, respire y exhale por completo hasta la base de sus pulmones. Repita este paso de nuevo. Relájese. Respire profundo una vez más y esta vez contenga su respiración cuando haya llenado sus pulmones con aire limpio, refrescante y relajante. Mantenga sus ojos cerrados. Ahora deje que su respiración salga lentamente y relájese por completo.

Ahora quiero que imagine que todas sus tensiones, todos sus apuros y todos sus miedos y preocupaciones se acumulan en la parte superior de su cabeza. Deje que todo aquello que lo molesta se resbale sobre su cara, hacia su cuello, sus hombros, a través de su pecho, su cintura, sus caderas, sus muslos, abajo hacia sus rodillas, sus pantorrillas, sus tobillos y hacia afuera de los dedos de sus pies. Toda su tensión, todos sus apuros, todas sus preocupaciones y miedos están saliendo desde las puntas de los dedos de sus pies y se está relajando más cada vez.

Ahora enfoque su atención en los dedos de sus pies y deje que se relajen completamente. Cada dedo está suelto y pesado. Deje que esta relajación fluya dentro de sus pies, dentro de sus tobillos, de sus pantorrillas, de sus rodillas. Siéntala fluir dentro de sus muslos, en sus caderas, dentro de su cintura, fluyendo hacia arriba en su pecho. Sienta su respiración más ligera y más profunda, más regular y más relajada. Ahora deje que una sensación profunda y relajada entre en sus hombros, baje hacia sus brazos, dentro de sus antebrazos, sus manos y sus dedos y fluya de regreso hacia sus antebrazos, sus brazos y sus hombros. Ahora fluye en su cuello, sobre su cara, su mentón y sus mejillas; incluso sus orejas están relajadas. Siéntala fluir en sus ojos y sus párpados. Sus párpados están muy pesados y suaves. El flujo continúa arriba hacia sus cejas, sobre su frente, sobre la parte superior de su cabeza, bajando hacia la parte posterior de su cabeza y de su cuello.

Ahora, una nueva pesadez está comenzando en los dedos de sus pies, dos veces más pesada que la primera vez. Imagínese un gran peso en cada dedo. Sienta la pesadez profunda y aún más relajada. Esta sensación profunda y pesada sube desde sus pies hacia sus tobillos, sus pantorrillas, sus rodillas, sus muslos, su cadera y su cintura. Fluye ahora en su pecho, relajando su corazón, relajando sus pulmones, permitiendo que su respiración sea más intensa, más regular, y cada vez más relajada. Ahora la sensación profunda y pesada está fluyendo en sus hombros, bajando por sus brazos, sus antebrazos, en sus manos y sus dedos. Ahora está fluyendo de regreso a sus antebrazos, sus brazos, sus hombros y hacia su cuello. Ahora fluye sobre su cara, en sus ojos, sobre sus cejas, sobre su frente, sobre la cima de su cabeza, bajando por la parte posterior hasta el cuello.

Y ahora está empezando una nueva pesadez en la parte superior de su cabeza, dos veces más pesada que antes, dos veces más pesada. Imagínese un gran peso en toda la parte superior de la cabeza, suave, relajado y pesado. Sienta la relajación pesada fluyendo hacia abajo en su cara y sus ojos ahora, hacia abajo en su cuello, sus hombros, fluyendo hacia su pecho, su cintura, sus caderas, sus muslos, sus rodillas, en sus pantorrillas, sus tobillos, sus pies y sus dedos. Profundamente relajado, suelto, flexible y cómodo desde la parte superior de la cabeza hasta la punta de sus dedos.

Quiero que ahora se imagine que está mirando a un tablero negro. Imagínese un círculo en el tablero. Vamos a colocar dentro del círculo las letras del alfabeto en orden invertido. Después de que las coloque en el círculo, las borrará del círculo y se relajará cada vez más profundamente.

Imagínese el tablero ahora. Imagínese el círculo. Ponga la letra Z dentro del círculo. Ahora borre la Z de dentro del círculo y profundícese más. Ponga la Y en el círculo, bórrela y profundícese más. La X, bórrela y profundícese aún más. La W y bórrela.

La V y bórrela. La U y bórrela. La T y bórrela. La S y bórrela. La R y bórrela. La Q y bórrela. La P y bórrela. La O y bórrela. La N y bórrela. La M y bórrela. La L y bórrela. La K y bórrela. La J y bórrela. La I y bórrela. La H y bórrela. La G y bórrela. La F y bórrela. La E y bórrela. La D y bórrela. La C y bórrela. La B y bórrela. La A y bórrela. Ahora borre el círculo y olvídese del tablero. Continúe relajándose más y más profundamente. Sienta hundirse en la silla; la mente y el cuerpo se dirigen más y más hacia la relajación profunda con cada respiración.

A medida que inhala, imagínese que está respirando anestesia inodora, limpia y pura. Ahora la anestesia está fluyendo a través de todo su cuerpo. Es una sensación agradable y cálida; mientras más inhala, más se profundiza en su respiración, logrando un estado tranquilo, relajante y pacífico. De ahora en adelante y hasta el fin de esta sesión, se relajará más y más completamente cada vez que respire.

Ahora quiero que se imagine que está mirando el cielo azul y claro del verano. En el cielo hay un avión que está escribiendo su nombre en letras blancas y sedosas como las nubes. Ahora deje que su nombre se disuelva. Deje que el viento haga desaparecer su nombre en el cielo azul. Olvídese de su nombre. Olvídese inclusive de que tiene un nombre. Los nombres no son importantes. Sólo continúe escuchando mi voz y relájese más profundamente.

Quiero que imagine ahora que está parado en el escalón más alto de una escalera de madera. Sienta la alfombra bajo sus pies. La alfombra puede ser del color que desee… imagínesela. Ahora, extienda su mano y toque el pasamanos. Sienta la madera suave y pulida del pasamanos bajo su mano. Usted está parado a diez escalones del piso de abajo. En un momento bajaremos las escaleras. Con cada escalón descendido podrá relajarse aún más profundamente. Cuando alcance el piso inferior, estará más profundo de lo que ha estado antes. Ahora baje hacia el noveno escalón, suave y fácilmente. Siéntase cada vez más profundo. Ahora baje hacia el octavo, aún más profundo. Ahora baje al séptimo… sexto… quinto… cuarto… tercero… segundo… primer escalón.

Ahora está parado en el piso de abajo. Hay una puerta enfrente de usted; acérquese y ábrala. Desde su interior sale a chorros un torrente de luz. Ahora está dentro de esta habitación, mire a su alrededor. Esta es su habitación y ésta puede ser lo que usted quiera que sea; de cualquier tamaño, de cualquier forma, de cualquier color. Puede tener lo que quiera en este cuarto. Puede agregar, quitar o acomodar cosas. Puede tener cualquier tipo de muebles, artículos, pinturas, ventanas, alfombras o cualquier cosa que quiera, ya que éste es su lugar… su lugar propio y privado y usted es libre aquí. Libre para crear, libre para ser quien es. Libre para hacer lo que desee y la luz que brilla en esta habitación es su luz. Sienta toda la luz a su alrededor, brillando sobre las cosas bonitas que se encuentran allí. Brillando sobre usted; sienta la energía de la luz. Ahora deje que la luz fluya sobre su cuerpo; penetrando cada poro de su piel, llenándolo completamente, apartando toda duda, expulsando todo miedo y tensión. Usted está lleno de la luz. Está limpio y radiante, resplandeciendo con la luz brillante de su habitación.

Mientras está cubierto por la luz en su habitación, quiero que construya una imagen. Una imagen de sí mismo, como quiere ser realmente. No como alguien quiere que usted sea, sino como usted quiere ser realmente. Vea su imagen parada enfrente suyo a la luz. Vea la quieta mirada de confianza en la cara de su imagen. Note el cuerpo saludable y ordenado. Note lo calmada y libre que es su imagen. Dejaré de hablar durante dos minutos, mientras le da a su imagen todas las cualidades y atributos que desea que ésta tenga.

Ahora dele una mirada final a su imagen. Esta es usted. Esta es el real usted. Esta es la persona en la que se está convirtiendo ahora. Camine acercándose a su imagen ahora. Camine más cerca. Ahora camine dentro de su imagen. Deje que se mezcle dentro de su propio cuerpo. Su propio mejor yo, una parte viviente de usted ahora. Más fuerte todos los días.

De ahora en adelante, todos los días será más y más la persona que quiere ser realmente. Estará relajado y calmado. Y no importa lo que esté sucediendo a su alrededor, puede manejarlo de una manera relajada y sensata. Y se sentirá muy bien. Tendrá toda la energía que pueda utilizar cada día. Y será muy fácil para usted, estar en total control de todos los aspectos de su vida. Encontrará muy fácil disipar todos los miedos, ansiedades, dudas y problemas. Está en total control de su vida.

Ahora dé una mirada final alrededor de su habitación. Puede volver aquí cuando lo desee. Puede venir aquí para cualquier propósito que desee… para orar… para consultar con la mente superior… para establecer objetivos… para meditar… para crear… para aprender… para resolver problemas… para hacer cambios a su autoimagen.

Lo que haga en su cuarto, no tiene límite. No hay límite.

Acaba de experimentar el uso del estado alterado de conciencia para profundizarse en el yo, en un lugar privado, poderoso y creativo que puede usar para propósitos prácticos y para propósitos espirituales. Se le ha dado esta valiosa herramienta para que la utilice para enriquecer su vida. Utilícela todos los días y diseñe su vida en la forma que quiere que sea. La decisión de hacer o no hacer es sólo suya, ya que tiene el control ahora. Y sea lo que sea que escoja, puede hacerlo. Cualquier cosa que fije en su mente para lograr, puede hacerlo y lo logrará. Usted será completamente exitoso y disfrutará de sus triunfos. Y disfrutará convertirse en la persona que realmente quiere ser, más y más cada día.

La próxima vez que escuche mi voz en la grabación, se relajará diez veces más profundamente de lo que está ahora. Y las sugerencias que le dé entonces, irán diez veces más profundas en su mente.

Dentro de unos pocos momentos cuando se despierte, se sentirá muy, muy relajado y se sentirá completamente reanimado, vivo, alerta, lleno de energía y lleno de autoconfianza. Se sentirá simplemente maravilloso. Todo lo que tiene que hacer para despertar es contar conmigo de uno hasta cinco, y a la cuenta de cinco, se despertará sintiéndose relajado, reanimado, alerta y muy eufórico. Sintiéndose muy bien realmente. 1... 2... 3... 4... 5. Ojos abiertos, bien despierto y sintiéndose bien, sintiéndose mejor que antes.

19

Control del hábito de fumar

Esta grabación lo dirigirá hacia un estado alterado de conciencia que le permite liberarse de su hábito de fumar si realmente lo desea. Si prefiere continuar fumando, pero ha decidido dejarlo para complacer a otra persona, esta grabación no hará el trabajo por usted. La autohipnosis puede permitirle hacer cualquier cosa que realmente desee, pero no lo obliga a hacer algo que no quiera.

Debe escuchar esta grabación por lo menos una vez al día, hasta que haya tenido éxito en la eliminación de su hábito de fumar. Si por alguna razón no la puede escuchar todos los días, hágalo por lo menos una vez a la semana. Si deja pasar más de una semana entre cada sesión, puede ser que no logre los resultados que desee, debido a que las sugerencias post-hipnóticas se debilitan en una o dos semanas.

Después de que haya dejado de fumar, ya no necesitará escuchar la grabación. Si después de que deje de fumar, siente la necesidad de empezar de nuevo, entonces repita el ejercicio. Escuche la grabación el tiempo que sea necesario.

Texto de la grabación para el control del hábito de fumar

Cierre los ojos, respire y exhale por completo hasta la base de sus pulmones. Repita este paso de nuevo. Relájese. Respire profundo una vez más y esta vez contenga su respiración cuando haya llenado sus pulmones con aire limpio, refrescante y relajante. Mantenga sus ojos cerrados. Ahora deje que su respiración salga lentamente y relájese por completo.

Ahora quiero que imagine que todas sus tensiones, todos sus apuros y todos sus miedos y preocupaciones se acumulan en la parte superior de su cabeza. Deje que todo aquello que lo molesta se resbale sobre su cara, hacia su cuello, sus hombros, a través de su pecho, su cintura, sus caderas, sus muslos, abajo hacia sus rodillas, sus pantorrillas, sus tobillos y hacia afuera de los dedos de sus pies. Toda su tensión, todos sus apuros, todas sus preocupaciones y miedos están saliendo desde las puntas de los dedos de sus pies y se está relajando más cada vez.

Ahora enfoque su atención en los dedos de sus pies y deje que se relajen completamente. Cada dedo está suelto y pesado. Deje que esta relajación fluya dentro de sus pies, dentro de sus tobillos, de sus pantorrillas, de sus rodillas. Siéntala fluir dentro de sus muslos, en sus caderas, dentro de su cintura, fluyendo hacia arriba en su pecho. Sienta su respiración más ligera y más profunda, más regular y más relajada. Ahora deje que una sensación profunda y relajada entre en sus hombros, baje hacia sus brazos, dentro de sus antebrazos, sus manos y sus dedos y fluya de regreso hacia sus antebrazos, sus brazos y sus hombros. Ahora fluye en su cuello, sobre su cara, su mentón y sus mejillas; incluso sus orejas están relajadas. Siéntala fluir en sus ojos y sus párpados. Sus párpados están muy pesados y suaves. El flujo continúa arriba hacia sus cejas, sobre su frente, sobre la parte superior de su cabeza, bajando hacia la parte posterior de su cabeza y de su cuello.

Ahora, una nueva pesadez está comenzando en los dedos de sus pies, dos veces más pesada que la primera vez. Imagínese un gran peso en cada dedo. Sienta la pesadez profunda y aún más relajada. Esta sensación profunda y pesada sube desde sus pies hacia sus tobillos, sus pantorrillas, sus rodillas, sus muslos, su cadera y su cintura. Fluye ahora en su pecho, relajando su corazón, relajando sus pulmones, permitiendo que su respiración sea más intensa, más regular, y cada vez más relajada. Ahora la sensación profunda y pesada está fluyendo en sus hombros, bajando por sus brazos, sus antebrazos, en sus manos y sus dedos. Ahora está fluyendo de regreso a sus antebrazos, sus brazos, sus hombros y hacia su cuello. Ahora fluye sobre su cara, en sus ojos, sobre sus cejas, sobre su frente, sobre la cima de su cabeza, bajando por la parte posterior hasta el cuello.

Y ahora está empezando una nueva pesadez en la parte superior de su cabeza, dos veces más pesada que antes, dos veces más pesada. Imagínese un gran peso en toda la parte superior de la cabeza, suave, relajado y pesado. Sienta la relajación pesada fluyendo hacia abajo en su cara y sus ojos ahora, hacia abajo en su cuello, sus hombros, fluyendo hacia su pecho, su cintura, sus caderas, sus muslos, sus rodillas, en sus pantorrillas, sus tobillos, sus pies y sus dedos. Profundamente relajado, suelto, flexible y cómodo desde la parte superior de la cabeza hasta la punta de sus dedos.

Quiero que ahora se imagine que está mirando a un tablero negro. Imagínese un círculo en el tablero. Vamos a colocar dentro del círculo las letras del alfabeto en orden invertido. Después de que las coloque en el círculo, las borrará del círculo y se relajará cada vez más profundamente.

Imagínese el tablero ahora. Imagínese el círculo. Ponga la letra Z dentro del círculo. Ahora borre la Z de dentro del círculo y profundícese más. Ponga la Y en el círculo, bórrela y profundícese más. La X, bórrela y profundícese aún más. La W y bórrela. La V y bórrela. La U y bórrela. La T y bórrela. La S y bórrela. La

R y bórrela. La Q y bórrela. La P y bórrela. La O y bórrela. La N y bórrela. La M y bórrela. La L y bórrela. La K y bórrela. La J y bórrela. La I y bórrela. La H y bórrela. La G y bórrela. La F y bórrela. La E y bórrela. La D y bórrela. La C y bórrela. La B y bórrela. La A y bórrela. Ahora borre el círculo y olvídese del tablero. Continúe relajándose más y más profundamente. Sienta hundirse en la silla; la mente y el cuerpo se dirigen más y más hacia la relajación profunda con cada respiración.

Ahora quiero que se imagine que está mirando el cielo azul y claro del verano. En el cielo hay un avión que está escribiendo su nombre en letras blancas y sedosas como las nubes. Ahora deje que su nombre se disuelva. Deje que el viento haga desaparecer su nombre en el cielo azul. Olvídese de su nombre. Olvídese inclusive de que tiene un nombre. Los nombres no son importantes. Sólo continúe escuchando mi voz y relájese más profundamente.

Ahora quiero que se imagine que estoy colocando en sus rodillas una bolsa pesada de arena. Sienta la arena presionando sobre sus rodillas. Sus rodillas se están volviendo más pesadas y más relajadas. En la arena hay un ingrediente insensibilizador muy poderoso y que está fluyendo hacia sus rodillas ahora. Sus rodillas se están insensibilizando más y más bajo la arena. Y esta pesada sensación está fluyendo hacia sus pantorrillas, en sus tobillos, en sus pies y sus dedos. Todo abajo de sus rodillas está insensible y se insensibiliza más por la arena. Y ahora la pesada sensación de insensibilidad está subiendo a sus muslos, fluyendo en sus caderas, a través de su cintura y en su pecho. Ésta fluye en sus hombros y estos se hacen más pesados e insensibles. Fluye en sus manos y sus dedos. Fluye ahora de regreso a través de sus antebrazos, sus brazos y sus hombros y en su cuello. Sobre su cara, sobre la cima de su cabeza, hacia abajo de la parte posterior de la cabeza y de la parte posterior de su cuello.

A medida que continúa flotando, divagando en tranquilidad, más y más profundamente relajado con cada respiración, quiero que concentre su atención en la punta de su nariz. Mantenga su atención enfocada en la punta de su nariz, hasta que alcance un punto en el que toda su atención esté en el sonido de mi voz. Y cuando alcance este punto, puede olvidarse de su nariz y continuar escuchando mi voz y relajándose cada vez más profundamente. A medida que mantiene su atención enfocada en la punta de su nariz, quiero que imagine que está encendiendo un cigarrillo. Ponga el cigarrillo en su boca. Usted trata de aspirarlo profundamente, pero el sabor es tan desagradable que inmediatamente expulsa el humo. Un sabor repugnante todavía permanece en su lengua. Su lengua sabe como si hubiera estado lamiendo el interior de una chimenea sucia e infectada. El sabor se hace cada vez más amargo, como si sólo estuviera allí, revistiendo su lengua. Es tan amargo que no puede soportar tenerlo en su boca. Sabe terrible. De ahora en adelante estará completamente libre del hábito de fumar cigarrillos o tabaco de cualquier clase. Estará completamente libre de ese deseo, completamente libre de ahora en adelante. Ahora tome una taza de enjuague bucal y enjuague su boca por completo. Un enjuague ayuda, pero aun así éste no es suficiente para librarse del repugnante sabor. Enjuague una y otra vez. Ahora su boca se siente limpia… toda fresca y limpia. Se alegra de que ese horrible sabor se haya ido de su lengua.

Ahora mire el cigarrillo encendido, todavía en su mano. El humo sube hasta los orificios de su nariz y usted está agudamente consciente de su olor sucio, ardiente y bochornoso. Huele tan mal como sabe. El olor lo sofoca y le irrita su garganta. Se da cuenta de que este olor ha impregnado su cabello, su piel y su ropa. Lo hace oler como una chimenea sucia. También debe oler así para las demás personas. El humo ha impregnado a su casa y a su automóvil también. Se da cuenta ahora que ha creado una imagen de sí mismo como la de esa persona olorosa y sucia. También se da cuenta de que era desconsiderado con los demás al ensuciar su aire y su ambiente.

Ni siquiera quiere ser asociado con este cigarrillo o con cualquier otro cigarrillo. Tome el cigarrillo ahora y aplástelo en un cenicero. Ahora tire el cenicero en una caneca para la basura.

Lave sus manos ahora con jabón limpio y fragante. Tome una lata de ambientador de aire y rocíelo para eliminar el repugnante olor del cigarrillo.

Mírese ahora en un espejo. Vea lo mucho mejor que ya se ve. Eso es porque se siente mejor consigo mismo. Se siente limpio y huele a limpio ahora. Le gusta eso. Y usted sabe que dentro de su cuerpo está empezando a librarse de los efectos dañinos de fumar. Sabe que con el tiempo, su cuerpo sanará porque usted no va a bombear humo dañino hacia su cuerpo. Se siente bien con su decisión de convertirse en un no-fumador y de seguir siendo un no-fumador el resto de su vida. Usted mira hacia adelante, cada día de su vida como un no-fumador, porque se siente mejor, se ve mejor, huele mejor y está mejor que nunca antes.

Quiero que se imagine a sí mismo ahora. Véase como quiere ser realmente, el real usted. Vivo y enérgico, en total control, sereno y saludable. Este es usted. Este es el real usted. Esta es la persona que realmente puede llegar a ser. En este momento se está haciendo a sí mismo una promesa... un compromiso para convertirse en el real usted. Este compromiso estará con usted, más fuerte cada día. De ahora en adelante, todos los días se convertirá en la persona que desea ser. Estará relajado y calmado sin importar lo que esté sucediendo a su alrededor. Y cualquier cosa que suceda, podrá manejarla de una manera relajada y sensata. Y se sentirá muy bien, tendrá toda la energía del mundo todos los días. Y le será muy fácil permanecer como no-fumador todos los días, por el resto de su vida. No importa en dónde se encuentre, no importa lo que esté haciendo.

Dentro de un momento, voy a contar regresivamente de 10 hasta 1. Quiero que cuente conmigo, silenciosamente, para sí mismo. Piense cada número a medida que lo digo y deje que cada número lo lleve más profundo. 10… 9… 8… 7… 6… 5… 4… 3… 2… 1. Ahora está muy relajado. Puede darse las siguientes sugerencias. Repita estas palabras a sí mismo a medida que las digo.

«Siempre estaré relajado y calmado».

«No desearé nada para fumar antes, durante o después de la comida».

«Sin importar lo que suceda en el trabajo, me sentiré relajado».

«Me sentiré libre del deseo de fumar todo el tiempo que esté trabajando».

«Estoy en total control de todos los aspectos de mi vida. Los cigarrillos ya no tienen cabida en mi vida».

«Ahora soy un no-fumador. Permaneceré como no-fumador el resto de mi vida. He hecho esta saludable decisión y estoy feliz con ella. Tengo el control».

«Los cigarrillos ya no tienen control sobre mí. He resuelto romper el mal hábito de fumar y he roto ese mal hábito».

Cada vez que escuche esta grabación, lo hará sentirse maravilloso y se relajará completamente. Estará tan profundo como lo está ahora. Precisamente como lo está ahora y las sugerencias irán más profundas en su mente. Utilizando esta grabación fielmente todos los días, tendrá perfecto control sobre sus deseos. Puede eliminar cualquier ansiedad por un cigarrillo.

Puede eliminar cualquier tensión. Puede eliminar cualquier antojo de tabaco de cualquier tipo y continuará viéndose mejor y sintiéndose bien todos los días.

La próxima vez que escuche mi voz en la grabación, se relajará aún más completamente de lo que está ahora. Y las sugerencias que le he dado seguirán profundizándose más y más en su mente.

Dentro de unos pocos momentos, cuando se despierte, se sentirá muy relajado y estará completamente reanimado, vivo, alerta, lleno de energía, lleno de confianza. Se sentirá maravilloso. Todo lo que tiene que hacer para despertar es contar conmigo de uno hasta cinco y, a la cuenta de cinco, abrir sus ojos, sentirse relajado, reanimado, alerta, muy eufórico. Sintiéndose muy bien, realmente. 1… 2… 3… 4… 5.

20

Autoconfianza y mejoramiento
de la memoria

Esta grabación le permitirá construir su propia autoconfianza y mejorar su memoria. La autohipnosis puede capacitarlo para hacer cualquier cosa que desee hacer, pero no lo puede forzar a hacer algo que no quiera hacer realmente.

Debe escuchar esta grabación por lo menos una vez al día durante una semana y después una vez a la semana, hasta que sienta que ya no la necesita más. Por supuesto, puede escucharla con más frecuencia si lo desea. Entre más la escuche, más efectivos y rápidos serán los resultados. Si por alguna razón no la puede escuchar todos los días, asegúrese de escuchar la grabación por lo menos una vez cada semana. Si deja más de una semana entre cada sesión, puede ser que no obtenga los resultados que desea, ya que las sugerencias post-hipnóticas se debilitan al cabo de una o dos semanas.

Una vez haya construido su autoconfianza y su memoria hasta donde esté satisfecho, no necesitará escuchar más la grabación. Sin embargo, puede ser que quiera escucharla de vez en cuando, sólo como reanimante o como un refuerzo.

Texto de la grabación para la autoconfianza y mejoramiento de la memoria

Cierre los ojos, respire y exhale por completo hasta la base de sus pulmones. Repita este paso de nuevo. Relájese. Respire profundo una vez más y esta vez contenga su respiración cuando haya llenado sus pulmones con aire limpio, refrescante y relajante. Mantenga sus ojos cerrados. Ahora deje que su respiración salga lentamente y relájese por completo.

Ahora enfoque su atención en los dedos de sus pies y deje que se relajen completamente. Cada dedo está suelto y pesado. Deje que esta relajación fluya dentro de sus pies, dentro de sus tobillos, de sus pantorrillas, de sus rodillas. Siéntala fluir dentro de sus muslos, en sus caderas, dentro de su cintura, fluyendo hacia arriba en su pecho. Sienta su respiración más ligera y más profunda, más regular y más relajada. Ahora deje que una sensación profunda y relajada entre en sus hombros, baje hacia sus brazos, dentro de sus antebrazos, sus manos y sus dedos y fluya de regreso hacia sus antebrazos, sus brazos y sus hombros. Ahora fluye en su cuello, sobre su cara, su mentón y sus mejillas; incluso sus orejas están relajadas. Siéntala fluir en sus ojos y sus párpados. Sus párpados están muy pesados y suaves. El flujo continúa arriba hacia sus cejas, sobre su frente, sobre la parte superior de su cabeza, bajando hacia la parte posterior de su cabeza y de su cuello.

Ahora, una nueva pesadez está comenzando en los dedos de sus pies, dos veces más pesada que la primera vez. Imagínese un gran peso en cada dedo. Sienta la pesadez profunda y aún más relajada. Esta sensación profunda y pesada sube desde sus pies hacia sus tobillos, sus pantorrillas, sus rodillas, sus muslos, su cadera y su cintura. Fluye ahora en su pecho, relajando su corazón, relajando sus pulmones, permitiendo que su respiración sea más intensa, más regular, y cada vez más relajada. Ahora la sensación profunda y pesada está fluyendo en sus hombros, bajando por sus brazos, sus antebrazos, en sus manos y sus dedos. Ahora está fluyendo de regreso a sus antebrazos, sus brazos, sus hombros y hacia su cuello. Ahora fluye sobre su cara, en sus ojos, sobre sus cejas, sobre su frente, sobre la cima de su cabeza, bajando por la parte posterior hasta el cuello.

Y ahora está empezando una nueva pesadez en la parte superior de su cabeza, dos veces más pesada que antes, dos veces más pesada. Imagínese un gran peso en toda la parte superior de la cabeza, suave, relajado y pesado. Sienta la relajación pesada fluyendo hacia abajo en su cara y sus ojos ahora, hacia abajo en su cuello, sus hombros, fluyendo hacia su pecho, su cintura, sus caderas, sus muslos, sus rodillas, en sus pantorrillas, sus tobillos, sus pies y sus dedos. Profundamente relajado, suelto, flexible y cómodo desde la parte superior de la cabeza hasta la punta de sus dedos.

Quiero que ahora se imagine que está mirando a un tablero negro. Imagínese un círculo en el tablero. Vamos a colocar dentro del círculo las letras del alfabeto en orden invertido. Después de que las coloque en el círculo, las borrará del círculo y se relajará cada vez más profundamente.

Imagínese el tablero ahora. Imagínese el círculo. Ponga la letra Z dentro del círculo. Ahora borre la Z de dentro del círculo y profundícese más. Ponga la Y en el círculo, bórrela y profundícese más. La X, bórrela y profundícese aún más. La W y bórrela. La V y bórrela. La U y bórrela. La T y bórrela. La S y bórrela. La R y bórrela. La Q y bórrela. La P y bórrela. La O y bórrela. La N y bórrela. La M y bórrela. La L y bórrela. La K y bórrela. La J y bórrela. La I y bórrela. La H y bórrela. La G y bórrela. La F y bórrela. La E y bórrela. La D y bórrela. La C y bórrela. La B y bórrela. La A y bórrela. Ahora borre el círculo y olvídese del tablero. Continúe relajándose más y más profundamente. Sienta hundirse en la silla; la mente y el cuerpo se dirigen más y más hacia la relajación profunda con cada respiración.

Ahora quiero que se imagine que está mirando el cielo azul y claro del verano. En el cielo hay un avión que está escribiendo su nombre en letras blancas y sedosas como las nubes. Ahora deje que su nombre se disuelva. Deje que el viento haga desaparecer su nombre en el cielo azul. Olvídese de su nombre. Olvídese inclusive de que tiene un nombre. Los nombres no son importantes. Sólo continúe escuchando mi voz y relájese más profundamente.

Ahora quiero que se imagine que estoy colocando en sus rodillas una bolsa pesada de arena. Sienta la arena presionando sobre sus rodillas. Sus rodillas se están volviendo más pesadas y más relajadas. En la arena hay un ingrediente insensibilizador muy poderoso y que está fluyendo hacia sus rodillas ahora. Sus rodillas se están insensibilizando más y más bajo la arena. Y esta pesada sensación está fluyendo hacia sus pantorrillas, en sus tobillos, en sus pies y sus dedos. Todo abajo de sus rodillas está insensible y se insensibiliza más por la arena. Y ahora la pesada sensación de insensibilidad está subiendo a sus muslos, fluyendo en sus caderas, a través de su cintura y en su pecho. Ésta fluye en sus hombros y estos se hacen más pesados e insensibles. Fluye en sus manos y sus dedos. Fluye ahora de regreso a través de sus antebrazos, sus brazos y sus hombros y en su cuello. Sobre su cara, sobre la cima de su cabeza, hacia abajo de la parte posterior de la cabeza y de la parte posterior de su cuello.

A medida que continúa flotando, divagando en tranquilidad, más y más profundamente relajado con cada respiración, quiero que concentre su atención en la punta de su nariz. Mantenga su atención enfocada en la punta de su nariz, hasta que alcance un punto en el que toda su atención esté en el sonido de mi voz. Y cuando alcance este punto, puede olvidarse de su nariz y continuar escuchando mi voz y relajándose cada vez más profundamente. A medida que mantiene su atención enfocada en la punta de su nariz, quiero que imagine que está parado en el escenario de un gran auditorio lleno de personas. Hay cientos de personas sentadas en el auditorio y todas ellas han venido a escucharlo hablar a usted.

Está muy complacido de estar aquí, ya que adora compartir sus pensamientos y sus ideas con los demás. Está relajado y calmado mientras está parado mirando a la audiencia. Ahora empieza a hablar y se da cuenta de que la audiencia le brinda toda su atención. Les gusta lo que está diciendo. Alguien de la audiencia le hace una pregunta. Su mente ágil recuerda rápida y exactamente una cita que usted ha memorizado y que da la respuesta. Usted cita tan rápidamente de memoria que parece que las ideas expresadas son propias. Le gusta interactuar con las personas como estas porque siente que usted es tan inteligente como cualquiera. Se da cuenta de que puede hablar y pensar de forma tan inteligente como cualquier otro y se siente confiado en todas las situaciones. Cuando termine de hablar, la audiencia le da una ovación de pie. Se siente halagado porque sabe que utiliza sus capacidades innatas para contribuir al disfrute y al enriquecimiento de otros.

Quiero que imagine ahora que está estudiando para un examen. Para pasar el examen, debe dar correctamente el nombre del quinto presidente de los Estados Unidos. La información correcta está escrita en un papel frente a usted para que lo estudie. Está relajado y calmado cuando estudia el papel. Siente una tremenda cantidad de energía con un tremendo poder de concentración. Su mente es como una esponja suave y absorbente y todas las cosas en las que usted se concentra, las absorberá como una esponja. Cuando quiera recordar aquello en lo que se ha concentrado, exprimirá su mente como una esponja y recordará todo en lo que se ha concentrado.

Concéntrese ahora en el papel que está enfrente suyo. Este dice: «el quinto presidente fue James Monroe». Vea el número cinco y el nombre James Monroe. Siempre que quiera recordar esto en el futuro, simplemente dirija la vista hacia arriba y pregúntese quién fue el quinto presidente de los Estados Unidos. Inmediatamente verá o recordará el número cinco y el nombre James Monroe. Haga esto ahora. Mantenga sus ojos cerrados, sólo mire hacia arriba y pregunte quién fue el quinto presidente de los Estados Unidos. Imagínese que ve el número cinco y el nombre James Monroe.

Ahora tire el papel. Tome una hoja de papel en blanco y escriba en ella: «el quinto presidente de los Estados Unidos fue James Monroe». Ha pasado la prueba perfectamente y ha aprendido cómo concentrarse y recordar cualquier cosa en la que se haya concentrado.

Quiero que se imagine ahora a sí mismo. Véase como realmente quiere ser, el usted real: vivo y enérgico, en pleno control, calmado, confiado y con una memoria excelente. Este es usted. Este es el real usted. Esta es la persona en la que realmente puede convertirse. En este momento se está haciendo una promesa a sí mismo… un compromiso para convertirse en el verdadero usted. Este compromiso estará con usted, más fuerte cada día. De ahora en adelante, todos los días se convertirá más y más completamente en la persona que quiere ser. Estará relajado y calmado sin importar lo que esté sucediendo a su alrededor. Y cualquier cosa que suceda, puede manejarla de una manera relajada y sensible. Y se sentirá muy bien, tendrá toda la energía del mundo todos los días. Y le será muy fácil obtener el éxito y la felicidad que desea y que se merece. Porque usted es un producto de sus propios patrones de pensamiento. Piense en el éxito y usted es un éxito. Piense confiadamente y se convertirá en una persona confiada. Piense hermoso y se volverá en una persona hermosa. Piense en fuerza y se volverá fuerte. Piense positiva y constructivamente y su vida se volverá una experiencia positiva y constructiva. Estas cosas son su nueva imagen… el nuevo usted… más y más fuerte todos los días.

Ahora está aprendiendo a estar en total control de todos los aspectos de su vida. Siempre estará relajado, calmado y en control. Ya no permitirá a los demás que ejerzan control sobre usted. Nunca más será un esclavo de nada, de nadie o de ningún trabajo. Usted es su propia persona, y tiene el control.

Dentro de un momento voy a contar regresivamente de 10 a 1. Quiero que cuente conmigo silenciosamente, para sí mismo. Piense cada número a medida que lo digo y deje que cada número lo lleve más profundo.

10… 9… 8… 7… 6… 5… 4… 3… 2… 1.

Ahora está profundamente relajado. Ahora escuche las siguientes sugerencias. Diga a sí mismo las palabras conmigo a medida que las digo.

«Siempre estaré relajado y calmado, sin importar lo que esté sucediendo. Y cualquier cosa que suceda, puedo manejarla de una manera sensible y madura».

«Pienso en el presente y en el futuro solamente».

«Tengo una mente y una memoria excelentes y las utilizo más y más efectivamente todos los días».

«Tengo un poder de concentración tremendo e intenso con todo lo que hago y recuerdo más efectivamente todo aquello en lo que me concentro».

«Puedo hacer que mi memoria recuerde, simplemente levantando mis ojos cerca de cuarenta y cinco grados y preguntando mentalmente por la información que quiero recordar».

«Siento la energía, el empuje y el deseo de interactuar socialmente, y así lo haré».

«Pienso positivamente que todas las cosas de mi vida se resolverán para mí, y me siento bien conmigo mismo y con la dirección en la que está yendo mi vida ahora».

Cada vez que escuche esta grabación, lo hará sentir maravilloso y se relajará completamente. Se profundizará tanto como lo está ahora, justo como lo está ahora, y las sugerencias irán más profundamente en su mente.

Escuchando fielmente esta grabación todos los días, tendrá perfecto control sobre su vida. Puede eliminar cualquier miedo. Puede eliminar cualquier tensión. Puede eliminar cualquier timidez o sentimientos de insuficiencia. Seguirá desempeñándose mejor y mejor, y seguirá sintiéndose bien todos los días. Usted es una persona inteligente y valiosa. Y todos los días de ahora en adelante se convertirá más completamente en la persona que realmente desea ser. Estará seguro, relajado, sereno, encantador, optimista y firme en su decisión de hacer lo que desea por su propia felicidad.

Su mente siempre está enfocada, alerta y clara. Puede memorizar cualquier cosa que desee, de forma rápida y fácil y puede recordar cualquier cosa que esté en su mente rápida y fácilmente.

Tiene total fe en sí mismo para manejar apropiadamente cualquier situación con la que se encuentre, debido a que ha tomado el control absoluto de su propia vida en todos los aspectos.

Repita la siguiente sugestión a sí mismo tres veces, a medida que yo la digo:

«Soy una persona segura y exitosa y estoy en total control de mi vida».

«Soy una persona segura y exitosa y estoy en total control de mi vida».

«Soy una persona segura y exitosa y estoy en total control de mi vida».

Nunca se dejará intimidar por cualquier persona, organización o situación, porque ahora tiene el control. Tiene total confianza en su propia capacidad para tomar todas las decisiones que afectan su vida.

La próxima vez que escuche mi voz en esta grabación, se relajará aún más completamente de lo que está ahora. Y las sugerencias que le he dado seguirán más y más profundo en su mente.

Dentro de unos pocos momentos cuando se despierte, se sentirá muy, muy relajado y estará completamente reanimado, vivo, alerta, lleno de energía, lleno de confianza. Se sentirá maravilloso. Todo lo que tiene que hacer para despertar es contar conmigo de uno a cinco y, a la cuenta de cinco, abrir sus ojos, sentirse relajado, reanimado, alerta y muy eufórico. Sintiéndose muy bien, realmente. 1… 2… 3… 4… 5.

Conservando la buena salud

21

Conservando la buena salud

Esta grabación tiene el propósito de ayudarle a ampliar su programa para mantener la buena salud, agregando la ayuda de su propia capacidad creadora y la capacidad de la autocuración bajo el poder de la autohipnosis. Muchas personas se han beneficiado con la autohipnosis y usted también puede ser una de ellas.

Esta grabación lo llevará a un estado de conciencia alterado, el cual le ayudará a mantener la buena salud, creando y reforzando la imagen de sí mismo en una buena salud como realmente quiere estar, y luego siguiendo los pasos para hacer que esa imagen se haga realidad en el mundo físico.

Como mínimo, recomiendo que escuche esta grabación una vez cada dos semanas para ayudarle a mantener una buena salud, libre de enfermedades, dolor o falta de energía. Sería mejor inclusive si la escucha todas las semanas. Escucharla una sola vez no traerá los efectos deseados. Su información está diseñada para brindarle una herramienta a utilizar por el resto de su vida para ayudarle a conservar una buena salud.

Si se enferma o es víctima de un accidente, escuche el texto «Autocuración» del capítulo siguiente para ayudarle a curarse a sí mismo. Por supuesto, también debe seguir la guía de su médico. Esta grabación no es un sustituto para la ayuda médica competente.

Texto de la grabación para conservar la buena salud

Cierre los ojos, respire y exhale por completo hasta la base de sus pulmones. Repita este paso de nuevo. Relájese. Respire profundo una vez más y esta vez contenga su respiración cuando haya llenado sus pulmones con aire limpio, refrescante y relajante. Mantenga sus ojos cerrados. Ahora deje que su respiración salga lentamente y relájese por completo.

Ahora quiero que imagine que todas sus tensiones, todos sus apuros y todos sus miedos y preocupaciones se acumulan en la parte superior de su cabeza. Deje que todo aquello que lo molesta se resbale sobre su cara, hacia su cuello, sus hombros, a través de su pecho, su cintura, sus caderas, sus muslos, abajo hacia sus rodillas, sus pantorrillas, sus tobillos y hacia afuera de los dedos de sus pies. Toda su tensión, todos sus apuros, todas sus preocupaciones y miedos están saliendo desde las puntas de los dedos de sus pies y se está relajando más cada vez.

Ahora enfoque su atención en los dedos de sus pies y deje que se relajen completamente. Cada dedo está suelto y pesado. Deje que esta relajación fluya dentro de sus pies, dentro de sus tobillos, de sus pantorrillas, de sus rodillas. Siéntala fluir dentro de sus muslos, en sus caderas, dentro de su cintura, fluyendo hacia arriba en su pecho. Sienta su respiración más ligera y más profunda, más regular y más relajada. Ahora deje que una sensación profunda y relajada entre en sus hombros, baje hacia sus brazos, dentro de sus antebrazos, sus manos y sus dedos y fluya de regreso hacia sus antebrazos, sus brazos y sus hombros. Ahora fluye en su cuello, sobre su cara, su mentón y sus mejillas; incluso sus orejas están relajadas. Siéntala fluir en sus ojos y sus párpados. Sus párpados están muy pesados y suaves. El flujo continúa arriba hacia sus cejas, sobre su frente, sobre la parte superior de su cabeza, bajando hacia la parte posterior de su cabeza y de su cuello.

Ahora, una nueva pesadez está empezando en la parte superior de su cabeza, dos veces más pesada que antes, dos veces más pesada. Imagínese un gran peso en toda la parte superior de la cabeza, suave, relajado y pesado. Sienta la relajación pesada fluyendo hacia abajo en su cara y sus ojos ahora, hacia abajo en su cuello, sus hombros, fluyendo hacia su pecho, su cintura, sus caderas, sus muslos, sus rodillas, en sus pantorrillas, sus tobillos, sus pies y sus dedos. Profundamente relajado, suelto, flexible y cómodo desde la parte superior de la cabeza hasta la punta de sus dedos.

Quiero que ahora se imagine que está mirando a un tablero negro. Imagínese un círculo en el tablero. Vamos a colocar dentro del círculo las letras del alfabeto en orden invertido. Después de que las coloque en el círculo, las borrará del círculo y se relajará cada vez más profundamente.

Imagínese el tablero ahora. Imagínese el círculo. Ponga la letra Z dentro del círculo. Ahora borre la Z de dentro del círculo y profundícese más. Ponga la Y en el círculo, bórrela y profundícese más. La X, bórrela y profundícese aún más. La W y bórrela. La V y bórrela. La U y bórrela. La T y bórrela. La S y bórrela. La R y bórrela. La Q y bórrela. La P y bórrela. La O y bórrela. La N y bórrela. La M y bórrela. La L y bórrela. La K y bórrela. La J y bórrela. La I y bórrela. La H y bórrela. La G y bórrela. La F y bórrela. La E y bórrela. La D y bórrela. La C y bórrela. La B y bórrela. La A y bórrela. Ahora borre el círculo y olvídese del tablero. Continúe relajándose más y más profundamente. Sienta hundirse en la silla; la mente y el cuerpo se dirigen más y más hacia la relajación profunda con cada respiración.

A medida que inhala, imagínese que está respirando anestesia inodora, limpia y pura. Ahora la anestesia está fluyendo a través de todo su cuerpo. Es una sensación agradable y cálida; mientras más inhala, más se profundiza en su respiración, logrando un estado tranquilo, relajante y pacífico. De ahora en adelante y hasta el fin de esta sesión, se relajará más y más completamente cada vez que respire.

Quiero que imagine ahora que está parado en el escalón más alto de una escalera de madera. Sienta la alfombra bajo sus pies. La alfombra puede ser del color que desee… imagínesela. Ahora, extienda su mano y toque el pasamanos. Sienta la madera suave y pulida del pasamanos bajo su mano. Usted está parado a diez escalones del piso de abajo. En un momento bajaremos las escaleras. Con cada escalón descendido podrá relajarse aún más profundamente. Cuando alcance el piso inferior, estará más profundo de lo que ha estado antes. Ahora baje hacia el noveno escalón, suave y fácilmente. Siéntase cada vez más profundo. Ahora baje hacia el octavo, aún más profundo. Ahora baje al séptimo… sexto… quinto… cuarto… tercero… segundo… primer escalón.

Ahora está parado en el piso de abajo. Hay una puerta enfrente de usted. Una puerta tiene el número 1 y un aviso que dice *Salud*. La otra puerta tiene el número 2 y un aviso que dice *Curación*. Ahora alcance y abra la puerta número uno, la puerta de la salud. Un torrente de luz llega a chorros a través de la puerta abierta. Camine hacia adentro de la habitación, dentro de la luz a través de la puerta abierta. Usted está dentro de la habitación ahora, mire a su alrededor. Esta es su habitación, su propio lugar interior privado y usted es libre aquí, libre para crear, libre para ser quien es, y libre para hacer lo que quiera. La luz que brilla en esta habitación es su luz. Sienta la luz, toda a su alrededor, brillando sobre usted; sienta la energía de la luz. Deje que la luz fluya a través de todo su cuerpo ahora. Penetrando a través de cada poro de su piel. Llenándolo completamente. Eliminando todas las dudas. Eliminando todos los miedos y tensiones. Eliminando todas las sustancias dañinas de su cuerpo. Eliminando todos los pensamientos negativos. Usted está lleno de la luz. Está claro y radiante, resplandeciendo con la luz brillante de su habitación.

En esta habitación, usted tiene la capacidad de reforzar los pensamientos, las palabras y las acciones que contribuyen a su salud. Lo que hace en esta habitación, le ayudará a permanecer saludable, y esto es así, debido a que este es su lugar interior especial donde tiene el control total de su destino.

En esta habitación establecerá las reglas y patrones que necesita para la buena salud. Después resolverá hacer de las reglas y patrones una parte viviente de su vida diaria. Cuando lo haga, permanecerá saludable.

Tómese unos pocos momentos ahora para poner algunas cosas benéficas en su habitación: una ducha, de forma que pueda mantener limpio su cuerpo; una bicicleta de ejercicios para que pueda realizar ejercicio físico; algunos libros sobre nutrición; un frasco de tabletas multivitamínicas; una silla cómoda para descansar y meditar en ella. Dejaré de hablar ahora durante 20 segundos mientras coloca estas cosas y cualquier otra cosa que desee en su habitación.

Haga una pausa de 20 segundos

Ahora repita conmigo las siguientes cinco oraciones de salud para sí mismo a medida que las digo.

1. La limpieza es importante para mi salud.
2. El ejercicio físico es importante para mi salud.
3. Una dieta nutritiva es importante para mi salud.
4. La prevención de accidentes y de enfermedades es importante para mi salud.
5. Una actitud positiva es importante para mi salud.

Ahora camine hacia su ducha y quítese la ropa. Dentro de unos pocos momentos tomará una ducha refrescante para librar su cuerpo de toda contaminación. En este nivel de la mente, un segundo equivale a dos minutos de tiempo real. Dejaré de hablar durante cinco segundos mientras toma una ducha de diez minutos. Empiece a tomar su ducha ahora.

Haga una pausa de 5 segundos

Ahora seque su cuerpo y póngase la ropa nuevamente.

Haga una pausa de 3 segundos

Comprométase a lo siguiente:

«Mantendré mi cuerpo limpio y libre de contaminantes, tomando baños o duchas diariamente. También lavaré mis manos periódicamente durante el día porque sé que mis manos son la parte más propensa a estar en contacto con los contaminantes».

Ahora se ha comprometido con usted mismo a mantenerse limpio. Este es el primer paso importante para mantener una buena salud. No se obsesione o se vuelva un fanático de la limpieza. Simplemente utilice el sentido común. Una guía sensata significa «todas las cosas con moderación».

Respire profundo y relájese aún más.

Ahora camine hacia su bicicleta de ejercicios y súbase en ella. Dentro de unos pocos momentos, obtendrá algo de ejercicio benéfico, montando durante 20 minutos. En este nivel de la mente, un segundo equivale a dos minutos de tiempo real. Dejaré de hablar ahora durante 10 segundos, mientras monta la bicicleta durante 20 minutos. Comience ahora a montar su bicicleta de ejercicios.

Haga una pausa de 10 segundos

Ahora puede dejar de montar y bajarse de la bicicleta. Tome una toalla y seque el sudor de su cara.

Haga una pausa de 3 segundos

Comprométase a lo siguiente: «Encontraré una forma de realizar algo de ejercicio cada semana para mantener mi cuerpo físicamente en forma».

Ahora se ha comprometido con usted mismo a mantenerse físicamente en forma, a través del ejercicio regular. Este es el segundo paso importante para mantener una buena salud. No se obsesione o se convierta en fanático del ejercicio físico. Simplemente utilice el sentido común. Una activa caminata es un ejercicio excelente. Una guía sensata significa «todas las cosas con moderación».

Respire profundo y relájese aún más.

Hay una mesa en su habitación sobre la que hay comida nutritiva. Camine hacia la mesa y observe la comida: frutas frescas, vegetales frescos, pescado fresco, granos, y mucho más. Añada cualquier alimento nutritivo que le guste. Tómese unos pocos momentos ahora para observar la deliciosa comida.

Haga una pausa de 5 segundos

Comprométase a lo siguiente: «Me esforzaré por comer una dieta nutritiva y balanceada todos los días».

Ahora se ha comprometido con usted mismo a mantenerse saludable, comiendo una dieta balanceada y nutritiva. Este es el tercer paso importante para mantener una buena salud. No se obsesione o se vuelva fanático de su dieta. Simplemente utilice el sentido común. Lea un libro sobre nutrición. Una guía sensata significa «todas las cosas con moderación».

Respire profundo y relájese aún más.

La mesa contiene ahora varios artículos relacionados con la prevención de accidentes y enfermedades. Camine hacia la mesa. Hay un cinturón de seguridad de un automóvil sobre la mesa. Levántelo y examínelo.

Haga una pausa de 5 segundos

Los cinturones de seguridad pueden salvar su vida o prevenir heridas graves. Comprométase a lo siguiente: «Siempre utilizaré un cinturón de seguridad cuando esté en un vehículo y siempre utilizaré implementos de seguridad y ropa protectora, siempre que esté comprometido con actividades potencialmente peligrosas».

Hay un preservativo sobre la mesa. Levántelo y examínelo.

Haga una pausa de 5 segundos

Un preservativo lo protegerá del mortal virus del SIDA, de la sífilis, de la gonorrea y de otras enfermedades de transmisión sexual. Comprométase a lo siguiente: «Siempre insistiré en el uso de preservativos para ayudarme a proteger de las enfermedades de transmisión sexual».

Existen cientos de formas de hacerse daño a sí mismo o de enfermarse. Pero todas las formas requieren que usted sea descuidado o que no utilice el sentido común. La prevención de accidentes y de enfermedades es el cuarto paso importante para tener una vida saludable. Este es el paso con el que debe estar obsesionado y por el que debe ser fanático acerca de su protección física todas las veces. Así que comprométase a lo siguiente: «Utilizaré el sentido común y estaré constantemente alerta para protegerme de las enfermedades y de las lesiones».

Respire profundo y relájese aún más.

Ahora camine hacia su silla y siéntese en ella. Es tiempo de que medite sobre el quinto paso importante para mantener una buena salud. Este puede ser el paso más importante de todos, ya que tiene que ver con su salud mental. Usted es lo que cree que es. Haciendo una actitud positiva parte de su vida diaria, usted crea una vida positiva para usted mismo. Esto significa buena salud.

Quiero que medite ahora sobre las bendiciones y las buenas cosas de su vida. Dejaré de hablar durante un minuto, mientras medita. Comience ahora.

Haga una pausa de 60 segundos

Ahora comprométase con usted mismo a medida que lo digo: «Dirigiré mis pensamientos todos los días hacia los aspectos buenos y positivos de mi vida».

Ahora dejaré de hablar durante un minuto, mientras medita sobre los nombres y las caras de aquellas personas a quienes desea enviarles amor. Comience ahora.

Haga una pausa de 60 segundos

Ahora comprométase con usted mismo a medida que lo digo: «Me esforzaré todos los días para ser más amoroso y para expresar mi amor y mi amistad».

Para su meditación final, dejaré de hablar durante un minuto mientras medita de una manera positiva sobre cualquier aspecto de su vida que desee. Comience ahora.

Haga una pausa de 60 segundos

Ahora comprométase con usted mismo a medida que lo digo: «Seré lo mejor que pueda, manteniendo una actitud mental positiva sobre mí mismo y sobre la vida en general».

Respire profundo y relájese aún más.

Acaba de recibir los cinco pasos importantes para mantener una buena salud y se ha comprometido con usted mismo a seguir estos pasos: limpieza, ejercicio físico, dieta nutritiva, prevención de accidentes y de enfermedades y una actitud mental positiva.

Mientras está parado a la luz de su habitación, quiero que construya una imagen, una imagen de sí mismo, tal como realmente quiere ser, no como alguien quiere que usted sea, sino como usted mismo quiere ser realmente. Vea su imagen parada enfrente suyo a la luz. Vea la mirada callada de confianza en la cara de su imagen. Note el cuerpo saludable. Note lo calmada y libre que es su imagen. Dejaré de hablar ahora durante sesenta segundos mientras le da a su imagen todas las cualidades y atributos que desea que tenga.

Haga una pausa de 60 segundos

Ahora dele una mirada final a su imagen. Esta es usted. Esta es el usted real. Esta es la persona en la que se está convirtiendo ahora. Acérquese a su imagen ahora. Camine más cerca. Ahora camine dentro de su imagen. Deje que se mezcle en su propio cuerpo. Su propio yo mejor, una parte viviente de usted ahora. Más fuerte cada día.

De ahora en adelante, todos los días será más y más la persona que quiere ser realmente. Estará relajado y calmado. Y no importa lo que esté sucediendo a su alrededor, lo puede manejar de una manera relajada y sensible. Y se sentirá muy bien. Tendrá toda la energía que pueda utilizar cada día. Y le será muy fácil permanecer en completo control de todos los aspectos de su vida. Encontrará muy fácil disipar todos los miedos, las ansiedades, las dudas y los problemas. Está en total control de su vida, y esto es así.

Ahora dé una mirada final alrededor de su habitación. Lo que haga en su habitación no tiene límite. No hay límite.

Acaba de experimentar el uso del estado alterado de conciencia para ir más profundo dentro de sí mismo a un lugar privado, poderoso y creativo que puede utilizar para ayudarle a mantener una buena salud. Se le ha dado esta valiosa herramienta para que la utilice para enriquecer su vida. Utilícela para ayudarse a crear y mantener una buena salud. La decisión de hacerlo o no hacerlo es solamente suya. Ya que tiene el control ahora. Y sea lo que sea que escoja, puede hacerlo. Sea lo que sea que fije en su mente para alcanzar, puede hacerlo y lo logrará. Será completamente exitoso y disfrutará de sus triunfos. Y disfrutará estando saludable y enérgico todos los días.

La próxima vez que escuche mi voz en la grabación, se relajará diez veces más profundamente de lo que lo está ahora. Y las sugerencias que le dé entonces, irán diez veces más profundas en su mente.

Dentro de unos pocos momentos, cuando se despierte, se sentirá muy, muy relajado y se sentirá completamente reanimado, vivo, alerta, lleno de energía y lleno de autoconfianza. Se sentirá maravilloso. Todo lo que tiene que hacer para despertar es contar conmigo de uno hasta cinco, y a la cuenta de cinco despertará sintiéndose relajado, reanimado, alerta y muy eufórico. Sintiéndose muy bien, realmente. 1… 2… 3… 4… 5. Ojos abiertos, bien despierto y sintiéndose bien, sintiéndose mejor que antes.

22

Autocuración

Esta grabación está diseñada para ayudarle a curar una enfermedad o herida, agregando la ayuda de su propia capacidad creativa y la capacidad de autocuración bajo el poder de la autohipnosis.

La grabación lo llevará a un estado alterado de conciencia que le ayudará a tratar la enfermedad o la herida, utilizando su mente creativa para destruir intrusiones nocivas en su cuerpo. Usted llevará su cuerpo a sanar rápida y efectivamente. Por supuesto, también debe seguir el consejo de su médico.

Como mínimo, debe escuchar esta grabación una vez al día, hasta que esté curado de la enfermedad o de la herida. Sería inclusive mejor, si utilizara esta grabación varias veces al día hasta que su salud esté restaurada. Esta grabación es una herramienta que puede utilizar por el resto de su vida, si le sobreviene una enfermedad o una herida.

Una vez su salud esté restaurada, debe escuchar la grabación «Conservando la buena salud» (capítulo 21) para ayudarle a mantener una buena salud. Si la utiliza regularmente, minimizará o quizás eliminará totalmente la enfermedad. Por supuesto, también debe seguir las indicaciones de su médico. Esta grabación no es un sustituto de la ayuda médica competente.

Texto de la grabación para la autocuración

Cierre los ojos, respire y exhale por completo hasta la base de sus pulmones. Repita este paso de nuevo. Relájese. Respire profundo una vez más y esta vez contenga su respiración cuando haya llenado sus pulmones con aire limpio, refrescante y relajante. Mantenga sus ojos cerrados. Ahora deje que su respiración salga lentamente y relájese por completo.

Ahora quiero que imagine que todas sus tensiones, todos sus apuros y todos sus miedos y preocupaciones se acumulan en la parte superior de su cabeza. Deje que todo aquello que lo molesta se resbale sobre su cara, hacia su cuello, sus hombros, a través de su pecho, su cintura, sus caderas, sus muslos, abajo hacia sus rodillas, sus pantorrillas, sus tobillos y hacia afuera de los dedos de sus pies. Toda su tensión, todos sus apuros, todas sus preocupaciones y miedos están saliendo desde las puntas de los dedos de sus pies y se está relajando más cada vez.

Ahora enfoque su atención en los dedos de sus pies y deje que se relajen completamente. Cada dedo está suelto y pesado. Deje que esta relajación fluya dentro de sus pies, dentro de sus tobillos, de sus pantorrillas, de sus rodillas. Siéntala fluir dentro de sus muslos, en sus caderas, dentro de su cintura, fluyendo hacia arriba en su pecho. Sienta su respiración más ligera y más profunda, más regular y más relajada. Ahora deje que una sensación profunda y relajada entre en sus hombros, baje hacia sus brazos, dentro de sus antebrazos, sus manos y sus dedos y fluya de regreso hacia sus antebrazos, sus brazos y sus hombros. Ahora fluye en su cuello, sobre su cara, su mentón y sus mejillas; incluso sus orejas están relajadas. Siéntala fluir en sus ojos y sus párpados. Sus párpados están muy pesadas y suaves. El flujo continúa arriba hacia sus cejas, sobre su frente, sobre la parte superior de su cabeza, bajando hacia la parte posterior de su cabeza y de su cuello.

Ahora, una nueva pesadez está empezando en la parte superior de su cabeza, dos veces más pesada que antes, dos veces más pesada. Imagínese un gran peso en toda la parte superior de la cabeza, suave, relajado y pesado. Sienta la relajación pesada fluyendo hacia abajo en su cara y sus ojos ahora, hacia abajo en su cuello, sus hombros, fluyendo hacia su pecho, su cintura, sus caderas, sus muslos, sus rodillas, en sus pantorrillas, sus tobillos, sus pies y sus dedos. Profundamente relajado, suelto, flexible y cómodo desde la parte superior de la cabeza hasta la punta de sus dedos.

Quiero que ahora se imagine que está mirando a un tablero negro. Imagínese un círculo en el tablero. Vamos a colocar dentro del círculo las letras del alfabeto en orden invertido. Después de que las coloque en el círculo, las borrará del círculo y se relajará cada vez más profundamente.

Imagínese el tablero ahora. Imagínese el círculo. Ponga la letra Z dentro del círculo. Ahora borre la Z de dentro del círculo y profundícese más. Ponga la Y en el círculo, bórrela y profundícese más. La X, bórrela y profundícese aún más. La W y bórrela. La V y bórrela. La U y bórrela. La T y bórrela. La S y bórrela. La R y bórrela. La Q y bórrela. La P y bórrela. La O y bórrela. La N y bórrela. La M y bórrela. La L y bórrela. La K y bórrela. La J y bórrela. La I y bórrela. La H y bórrela. La G y bórrela. La F y bórrela. La E y bórrela. La D y bórrela. La C y bórrela. La B y bórrela. La A y bórrela. Ahora borre el círculo y olvídese del tablero. Continúe relajándose más y más profundamente. Sienta hundirse en la silla; la mente y el cuerpo se dirigen más y más hacia la relajación profunda con cada respiración.

A medida que inhala, imagínese que está respirando anestesia inodora, limpia y pura. Ahora la anestesia está fluyendo a través de todo su cuerpo. Es una sensación agradable y cálida; mientras más inhala, más se profundiza en su respiración, logrando un estado tranquilo, relajante y pacífico. De ahora en adelante y hasta el fin de esta sesión, se relajará más y más completamente cada vez que respire.

Quiero que imagine ahora que está parado en el escalón más alto de una escalera de madera. Sienta la alfombra bajo sus pies. La alfombra puede ser del color que desee… imagínesela. Ahora, extienda su mano y toque el pasamanos. Sienta la madera suave y pulida del pasamanos bajo su mano. Usted está parado a diez escalones del piso de abajo. En un momento bajaremos las escaleras. Con cada escalón descendido podrá relajarse aún más profundamente. Cuando alcance el piso inferior, estará más profundo de lo que ha estado antes. Ahora baje hacia el noveno escalón, suave y fácilmente. Siéntase cada vez más profundo. Ahora baje hacia el octavo, aún más profundo. Ahora baje al séptimo… sexto… quinto… cuarto… tercero… segundo… primer escalón.

Ahora está parado en el piso de abajo. Hay dos puertas enfrente de usted. Una puerta tiene el número 1 y un aviso que dice *Salud*. La otra puerta tiene el número 2 y un aviso que dice *Curación*. Alcance y abra la puerta número dos, la puerta de la curación. Un torrente de luz sale a chorros a través de la puerta abierta. Camine hacia adentro de la habitación, dentro de la luz a través de la puerta abierta. Usted está dentro de la habitación ahora, mire a su alrededor. Esta es su habitación, su propio lugar interior privado de curación y usted es libre aquí, libre para crear, libre para ser quien es, libre para hacer lo que quiera. La luz que brilla en esta habitación es su luz de curación. Sienta toda la luz de curación a su alrededor, brillando sobre usted; sienta la energía curativa de la luz. Deje que la luz curativa fluya toda a través de su cuerpo ahora. Penetrando a través de cada poro de su piel. Llenándolo completamente. Eliminando toda duda.

Eliminando todos los miedos y tensiones. Eliminando todos los gérmenes nocivos, virus, infecciones, venenos, bacterias y otras sustancias nocivas de su cuerpo. Está lleno de la luz. Está claro y radiante, resplandeciendo con la luz brillante de su habitación.

En esta habitación usted tiene la capacidad de reforzar los pensamientos, las palabras y las acciones que contribuyen para que usted sea curado. Lo que haga en esta habitación le ayudará a curarse a sí mismo, y esto es así, ya que este es su lugar interno especial en donde está en total control de su destino.

Aquí en su habitación de curación, tiene algunas cosas especiales para ayudarle a vencer la enfermedad y la herida. En el centro de la habitación hay una silla azul suave y cómoda que puede reclinarse y girar. Es azul porque el azul es un color curativo. Observe su silla.

Haga una pausa de 3 segundos

Vaya hacia su silla y siéntese en ella.

Haga una pausa de 3 segundos

Sienta lo cómoda que es. Sienta lo curativo del color azul, cuidando y penetrando en su cuerpo. En esta silla podrá descansar, meditar y curarse a sí mismo.

Ahora mire directamente al frente suyo. Hay un espejo de cuerpo entero justo a dos pies de distancia enfrente de usted. Éste tiene un marco de oro alrededor. Observe su espejo.

Haga una pausa de 3 segundos

Su espejo es curativo y tiene unas características especiales que usted va a utilizar a continuación.

A su izquierda, al alcance de su brazo, hay una caja azul grande con alambres y dos tubos plásticos conectados a éste. Este es su instrumento especial que utilizará dentro de poco para purificar su sangre. Obsérvelo.

Haga una pausa de 3 segundos

A su derecha, al alcance de su brazo, hay un botiquín cósmico azul que contiene cualquier cosa que necesite para restaurarle la salud a su cuerpo. Dentro de poco lo utilizará. Obsérvelo.

Haga una pausa de 3 segundos

Su botiquín también tiene un dispensador de agua y vasos de papel, los cuales utilizará dentro de poco. Obsérvelo.

Haga una pausa de 3 segundos

Dentro de unos pocos momentos empezará a llevar a cabo una curación extraordinaria en usted mismo. En ningún momento tendrá dolor. En ningún momento se sentirá enfermo. De hecho, se sentirá muy bien durante todo el proceso curativo.

Ahora está listo para empezar su autocuración. El primer paso importante es ajustar su actitud mental para que no tenga energías dañinas, detestables o negativas. Siga mis instrucciones ahora, sobre cómo ajustar su actitud para mejorar su salud mental.

Respire profundo y relájese aún más, avanzando a un nivel mental más profundo.

Repita conmigo las siguientes dos oraciones a sí mismo, a medida que las digo.

«Me perdono a mí mismo por todos mis pensamientos, mis palabras y mis acciones que fueron negativas hacia los demás o hacia mí mismo».

«Perdono a todos los demás por sus pensamientos, sus palabras y acciones que fueron negativas y que se dirigieron hacia mí».

Ahora dejaré de hablar durante 30 segundos, mientras le envía amor a todas aquellas personas que son especiales para usted.

Haga una pausa de 30 segundos

Su actitud y su salud mental están ajustadas ahora más positivamente. Repita la siguiente sugestión a sí mismo, a medida que la digo: «Todos los días, en todos los aspectos, estoy mejorando cada vez más».

Gire su silla hacia la derecha ahora de forma que quede frente a su botiquín cósmico. Sobre éste reposan tres botellas. Una está marcada *Loción curativa*. La segunda está marcada *Vitaminas*.

La tercera está marcada *Curalotodo*. Dentro de unos pocos momentos, tendrá la oportunidad de utilizarlos, pero primero permítame contarle acerca de estas medicinas cósmicas.

La loción curativa se utiliza para curar cualquier herida o enfermedad en su cuerpo. Si tiene tal herida o enfermedad, todo lo que tiene que hacer es tomar la loción y aplicarla a la parte del cuerpo que desea que sea curada. A medida que la aplica, piense para sí mismo, «Estoy siendo curado».

Las vitaminas son cápsulas cósmicas que contienen todas las vitaminas y minerales en la dosis apropiada que usted necesita normalmente para su cuerpo.

La botella de curalotodo contiene pastillas para ayudar a la cura de todas las enfermedades o infecciones que hayan. Todo lo que tiene que hacer es tragar una pastilla mientras se dice a sí mismo, «Ahora estoy siendo curado de...» y entonces establece mentalmente cuál enfermedad es la que tiene. Si no sabe el nombre de su enfermedad, simplemente haga una oración general, tal como «Ahora estoy siendo curado de mis problemas estomacales» o «Ahora estoy siendo curado de lo que me está afectando».

Ahora empecemos.

Primero, tome la botella de vitaminas y un vaso de agua. Dejaré de hablar ahora durante diez segundos mientras traga su cápsula de vitamina. Hágalo ahora.

Haga una pausa de 10 segundos

Bien. Ha enriquecido ahora su cuerpo con las vitaminas y minerales que necesita.

Dentro de pocos momentos dejaré de hablar durante 30 segundos, mientras usa su loción o toma las pastillas curalotodo para su enfermedad o herida específica. Usted sabe lo que está funcionando mal generalmente y ahora es su oportunidad para empezar a curarlo. Asegúrese de reafirmar mentalmente que está siendo curado mientras utiliza las pastillas curalotodo o la loción. Puede empezar ya.

Haga una pausa de 30 segundos

Muy bien. Ahora está listo para purificar su sangre. Gire su silla a la izquierda para que pueda quedar de frente a la caja de purificación.

Haga una pausa de 3 segundos

Alcance y tome los dos tubos plásticos. Conecte un tubo a cualquier parte del lado izquierdo de su cuerpo, sobre su brazo, su pierna o su costado, donde lo desee.

Haga una pausa de 3 segundos

Conecte el otro tubo a cualquier parte del lado derecho de su cuerpo.

Haga una pausa de 3 segundos

Ahora encienda su máquina, presionando el botón de *Encendido*.

Note cómo se han llenado los tubos con su sangre. No hay dolor. Se siente bien.

Su máquina está tomando sangre de su lado derecho y purificándola y luego coloca la sangre purificada en su cuerpo por el lado izquierdo. Este proceso completo durará 10 segundos. Dejaré de hablar mientras purifica su sangre.

Haga una pausa de 10 segundos

Su sangre está ahora purificada. Antes de que desconecte la máquina, hay otra cosa que debe hacer. Esta máquina tiene el poder de colocar tiburones diminutos en su corriente sanguínea. Estos son tiburones muy benéficos y amistosos. Comen solamente gérmenes nocivos, virus, bacterias, infecciones y células cancerosas. Dentro de unos pocos momentos cuando sus tiburones amistosos penetren en su corriente sanguínea, puede decirles mentalmente cualquier cosa específica que quiera que ellos destruyan. Por ejemplo, puede decirles que destruyan células cancerosas, el virus del SIDA, la tuberculosis o una infección. Usted sabe lo que quiere eliminar de su cuerpo, así que dígaselo a los tiburones cuando entren en su sangre.

Ahora alcance y presione el botón rojo de su máquina. Éste liberará los tiburones amistosos. Dejaré de hablar durante 10 segundos mientras los tiburones nadan en su sangre y les dice lo que deben destruir. Hágalo ahora.

Haga una pausa de 10 segundos

Puede apagar ahora su máquina, presionando el botón de *Apagado* y después desconecte los tubos plásticos de su cuerpo.

Su sangre ahora está llena de sus tiburones, los cuales buscarán y destruirán lo que usted les haya dicho.

Haga una pausa de 3 segundos

Ahora está listo para la más dramática y poderosa de todas sus técnicas de autocuración. Gire sobre sí mismo para quedar de frente a su espejo curativo de cuerpo entero de marco de oro.

Mírese al espejo. Este poderoso espejo le da la capacidad de reparar completamente su cuerpo. Yo le explicaré cómo funciona y después le daré 90 segundos para que lo haga.

Solamente deseándolo, usted puede examinar cualquier parte de su cuerpo, por dentro y por fuera, en su espejo curativo. Si hay algo que desee reparar o reemplazar, puede hacerlo. Permítame darle un par de ejemplos. Suponga que su corazón le parece defectuoso —quizás el color no es saludable o no está bombeando como usted cree que debería hacerlo—. Reemplácelo. Su botiquín cósmico tiene cualquier parte saludable del cuerpo que usted necesita. Simplemente desconecte el corazón defectuoso de la imagen de su espejo y después conecte el repuesto saludable que encuentre en el botiquín cósmico. Puede hacer esto con cualquier parte del cuerpo. Suponga que sus nervios están rotos o fatigados. Reemplácelos con unos buenos.

También puede reparar cosas. Ve un rasguño en su piel —cósalo—. Hay herramientas para todo en su botiquín cósmico. Quizás ve un tumor o escamas en una parte de su cuerpo. Ráspelo, córtelo, tritúrelo o quémelo, lo que prefiera.

En este nivel mental y utilizando su espejo curativo cósmico, puede visualizar y reparar todo su cuerpo. Dentro de unos pocos momentos dejaré de hablar durante 90 segundos, mientras revisa todo su cuerpo por dentro y por fuera y repara cualquier cosa que lo necesite. No se preocupe por el tiempo. Si no ha terminado, puede regresar aquí nuevamente más tarde y continuar con su trabajo hasta que haya restaurado su salud. Comience ahora.

Haga una pausa de 90 segundos

Excelente. Ha completado ahora un procedimiento de autocuración para restaurar la salud que quiere a su cuerpo.

Mire su imagen en su espejo ahora. Vea cómo ha mejorado.

Ahora camine hacia dentro de su imagen en su espejo. Deje que la imagen se mezcle en su cuerpo, ahora hay una parte viviente de usted, más saludable cada día.

Mire arriba de usted ahora. El sol está directamente sobre su cabeza. Está caliente y sus rayos son rayos curativos.

Permita que el sol baje hasta que descanse sobre su cabeza.

Haga una pausa de 5 segundos

Ahora deje que el sol entre en su cabeza y se mueva suavemente dentro de su cuerpo, calentándolo, curándolo, baja por su pecho, su cintura, sus piernas y en sus dedos.

El sol se mueve de regreso ahora hacia arriba por sus piernas, sus caderas, su cintura, su pecho, su cuello, su cabeza y afuera por la cima de su cabeza para regresar a lo alto, encima de usted.

De ahora en adelante, todos los días será cada vez más completamente la persona saludable que desea ser realmente. Estará relajado y calmado. Y no importa lo que esté sucediendo a su alrededor, puede manejarlo de una manera sensible y relajada. Y se sentirá muy bien. Tendrá toda la energía que pueda utilizar cada día. Y le será muy fácil permanecer en completo control de todos los aspectos de su vida. Encontrará muy fácil disipar todos los miedos, ansiedades, dudas y problemas. Está en total control de su vida y esto es así.

Ahora dé una mirada final alrededor de su habitación. Puede regresar aquí cuando lo desee. Lo que hace en su habitación no tiene límite. No hay límite.

Acaba de experimentar el uso del estado de conciencia alterado para profundizarse dentro de sí mismo a un lugar privado, poderoso y creativo, el cual puede utilizar para ayudarle a curarse a sí mismo de enfermedades o heridas. Se le ha dado esta valiosa herramienta para que la utilice para ayudarse a mejorar. Utilícela para ayudarse a sanar más rápido y más efectivamente. La decisión de hacerlo o no es suya solamente. Debido a que está en control ahora. Y sea lo que sea lo que decida hacer, puede hacerlo. Cualquier cosa que establezca en su mente para lograrla, puede hacerlo y la logrará. Será completamente exitoso y disfrutará de su éxito. Y disfrutará sintiéndose mejor y siendo mejor cada día.

La próxima vez que escuche esta grabación, se relajará diez veces más profundo de lo que está ahora. Y las sugerencias que le dé entonces llegarán diez veces más profundo a su mente.

Dentro de pocos momentos cuando se despierte, se sentirá muy relajado y se sentirá completamente reanimado, vivo, alerta, lleno de energía y lleno de autoconfianza. Se sentirá mucho mejor que antes, debido a que sabe que su cuerpo está sanando mejor que antes.

Todo lo que tiene que hacer para despertar es contar conmigo de uno hasta cinco y, a la cuenta de cinco, despertará sintiéndose relajado, reanimado, alerta y muy eufórico. Sintiéndose mucho mejor que antes. 1... 2... 3... 4... 5. Ojos abiertos, bien despierto y sintiéndose mejor que antes, ¡y así debe ser!

Cambie escuchándose a sí mismo

*«Tenemos la capacidad de resolver la mayoría,
si no todos, nuestros problemas en la vida
si conocemos la forma de hacerlo».*

WILLIAM W. HEWITT

El sonido de nuestra propia voz es una herramienta increíble y poderosa para hablar y reprogramar al subconsciente. Ahora, por primera vez, usted puede seleccionar su propio texto de autohipnosis y grabarlo. *Autohipnosis para una vida mejor* le suministra los pasos exactos para veintitrés situaciones únicas que pueden ser manejadas exitosamente con autohipnosis. Cada texto está completo y grabarlo toma sólo treinta minutos. Lea el texto en voz alta, grábelo y luego escúchelo. ¡Así de fácil cosechará los frutos de la autohipnosis!

Ya sea que quiera eliminar la negatividad de su vida, atraer un compañero romántico especial, resolver un problema, ser más exitoso en el trabajo o simplemente relajarse, aquí encontrará una guía que se adaptará a sus necesidades. Cualquiera puede empezar a utilizar este sistema en minutos. Conviértase en su propio hipnoterapista a medida que diseña su programa de automejoramiento y para alcanzar la vida que siempre ha querido.

Acerca del autor

En su carrera como escritor, William W. Hewitt ha escrito siete libros y varios ensayos publicados por Llewellyn. Por más de 30 años ha estado relacionado con la industria minera, nuclear y computación como escritor y editor. William es un Hipnoterapista Clínico certificado y un Astrólogo profesional. Con frecuencia él da lecturas de hipnosis, poder mental, superación personal, metafísica y temas relacionados. En la actualidad, William es miembro activo de la National Writers Association.

Correspondencia al autor

Para contactar o escribir al autor, o si desea más información sobre este libro, envíe su correspondencia a Llewellyn Worldwide para ser remitida al autor. La casa editora y el autor agradecen su interés y comentarios en la lectura de este libro y sus beneficios obtenidos. Llewellyn Worldwide no garantiza que todas las cartas enviadas serán contestadas, pero sí le aseguramos que serán remitidas al autor. Favor escribir a:

William W. Hewitt
c/o Llewellyn Worldwide P.O. Box 64383,
Dept. K398-0 St. Paul, MN 55164-0383, U.S.A

Incluya un sobre estampillado con su dirección
y $US1.00 para cubrir costos de correo.
Fuera de los Estados Unidos incluya
el cupón de correo internacional.

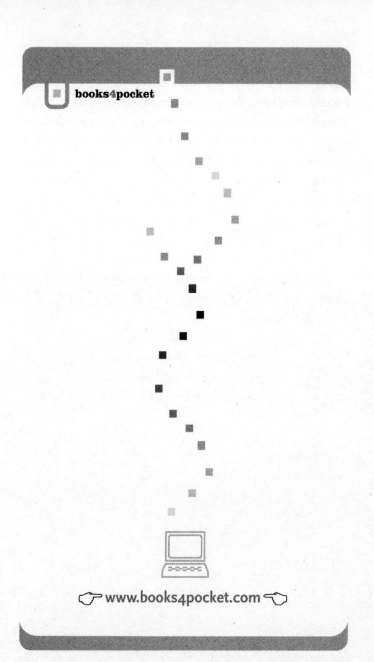

books4pocket

www.books4pocket.com